法国知识产权法典

法律部分

黄 晖 朱志刚 译

郑成思 审校

商务印书馆
The Commercial Press

2017年·北京

版 权 声 明

《法国知识产权法典》(法律部分)系译者在《法兰西政府公报》的基础上汇总译出,为个人译本,未经许可,不得使用。

目 录

《法国知识产权法典》中译本序（郑成思）……………………（1）
法国国家工业产权局局长达尼埃尔·昂格尔序（法文）
　……………………………………………………………（3）
法国国家工业产权局局长达尼埃尔·昂格尔序（中文）
　……………………………………………………………（5）
世界知识产权组织副总干事弗朗索瓦·居尔舒
　致译者的信（法文）……………………………………（6）
世界知识产权组织副总干事弗朗索瓦·居尔舒
　致译者的信（中文）……………………………………（7）
王彬颖女士序（英文）……………………………………（8）
王彬颖女士序（中文）……………………………………（10）
何伯乐先生序（法文）……………………………………（11）
何伯乐先生序（中文）……………………………………（14）
译者序（1999年版）………………………………………（16）
译者序（2014年版）………………………………………（24）
出版说明……………………………………………………（35）
《法国知识产权法典》（法律部分）……………………（1—274）

《法国知识产权法典》中译本序

法国 19 世纪初的《民法典》,是近现代普遍将民法法典化之始。

法国 20 世纪末的《知识产权法典》,是否会成为 21 世纪知识产权法与民法普遍分立之典型,是值得我们研究的。

我国有的研究知识产权的论述,往往把作者的人身权与传统民法中一般人的人身权相混淆。这不能不说在形式上与我国著作权法沿用了"著作权人的人身权"这一来自日本及中国台湾地区的不够恰当的表述有关。而《法国知识产权法典》在用语上,就较少这类"不够恰当"。它使用了与英、美法系国家和大陆法系部分国家通用的"精神权利",而不是"人身权"。能直接阅读法文的读者可以自己从本书所附原文中加以对比。

由于我国商标法中始终没有对于"反向假冒"的禁例,给仅仅熟悉我国法律的研究者们在了解和理解市场上实际发生的这类假冒活动带来困难。虽然欧洲大陆的意大利、西班牙等国的商标法及英美法系的美国和一大批英联邦国家的商标法,均包含禁止"反向假冒"的规定,但其中有些规定得过于简单(如葡萄牙商标法),有些仅仅是作为"侵权法的权利"(right in law of tort)或仅仅是作为某种反不正当竞争保护纳入商标法的(如美国商标法),还有些则仅仅是作为刑罚的禁例在商标法中规定的(如澳大利亚商标法)。《法国知识产权法典》则明明白白地把禁止"反向假冒"作为商标权人专有权的一项,列入商标保护范围(L.713-2)。

《法国知识产权法典》还有其他许多无论从法理上还是从立法技术上,都非常值得借鉴的条文、用语等等,这里不一一列举。但有一点必须一提:《法国知识产权法典》在多处专门指出在哪些知识产权保护的具体问题上,不适用该国现行的民商法条文(如 L.613-30,L.132-15,L.

321-11等处)。就是说,它明确了知识产权法与传统民法"异"在何处。此外,在它的行文中,也多处反映出知识产权领域一些与传统民法似相同、而实不同的表述或基本概念。例如,该法典第L.121-1条表明:作者享有独立于其作品的"姓名权",它是作者精神权利的一部分,不同于传统民法中作者或非作者均一律享有的那种"姓名权"。

我相信,有着自己特点及优点的《法国知识产权法典》中译本的出版,对我国的学生、学者、立法及执法部门的人们,均是有益的。

在这里,我想要特别感谢联合国世界知识产权组织。中国在建立健全法制和实现依法治国的过程中,很需要参考国际上的及外国的有关立法及文件。就我本人和我的学生(如黄晖博士生)的经历来讲,当我们向该组织请求许可使用该组织或该组织领导人享有版权的专论、译文、示范法讲解等作品时,始终是得到热情支持的。为使更多熟悉英文而不熟悉法文的中国读者在研究这部法典时有所对照,黄晖博士生取得了世界知识产权组织副总干事居尔舒(F. Curchod)的书面许可,使该组织翻译的英文译本也能一并附在书后。

郑 成 思

1998年11月

Préface

Au mois d'avril 1998, j'ai participé avec mon homologue chinois, M. GAO Lulin, à un séminaire relatif aux grands thèmes actuels de la propriété industrielle et organisé à l'occasion du 15ᵉ anniversaire de la coopération franco-chinoise en la matière. Au cours de la même semame était inauguré le nouveau centre de formation à la propriété industrielle construit par les autorités chinoises dans la périphérie de Beijing. Ce séminaire, inauguré par l'ambassadeur de France, a connu un grand succès. Au cours des conversations informelles qui sont aussi l'un des apports essentiels de ces manifestations, M. HUANG Hui m'a fait l'amitié de me demander de préfacer la traduction en mandarin, du code français de la propriété intellectuelle, qu'il avait débutée.

Bien que n'ayant évidemment aucune compétence pour apprécier la qualité du travail accompli, j'ai accepté car il me semble qu'une telle initiative prouve, comme le séminaire et la construction d'un centre de formation, le formidable effort de la société chinoise pour assimiler les concepts de la propriété industrielle, complexes et peu familiers des schémas culturels traditionnels de la Chine, pour les traduire dans le droit positif et pour les mettre en œuvre.

Comme en conviennent elles-mêmes les autorités chinoises, beaucoup reste encore à faire pour que la propriété intellectuelle soit parfaitement défendue dans tous les actes quotidiens de la vie économique chinoise.

Il en est d'ailleurs de même dans nombre de pays et c'est évidemment l'une des tâches essentielles de la coopération internationale de contribuer à améliorer progressivement la situation.

La France est fière d'avoir dès le début accompagné la Chine dans cette avancée essentielle qui lui permet aujourd'hui d'être candidate à l'entrée dans l'organisation mondiale du commerce. Elle l'est notamment d'avoir formé en français plus de 30 experts chinois, ingénieurs et juristes appartenant à l'Office des brevets et à l'Office des marques.

Le travail remarquable de M. HUANG Hui témoigne à la fois de la qualité de cette formation, du dynamisme des acteurs de la propriété intellectuelle en Chine et du rôle qu'y joue la France et la langue française.

Il était juste qu'il en soit vivement remercié et félicité.

Daniel Hangard

序

1998年4月,我和我的中国同行高卢麟先生一起参加了为纪念法中工业产权合作15周年召开的当前工业产权重大课题研讨会。就在同一个星期,中国政府在北京市郊兴建的知识产权培训中心也举行了落成典礼。研讨会由法国驻华大使致开幕词,并取得了圆满成功。在作为这些活动的重要组成部分之一的一次非正式交谈中,黄晖先生很友好地邀请我为他正在翻译的《法国知识产权法典》作序。

尽管我对他的译文显然无法作任何评价,但我还是决定接受他的邀请,因为我觉得翻译法典和召开研讨会及兴建培训中心一样,均是中国社会接受相对复杂而又陌生的工业产权概念,并加以立法和实施的巨大努力的体现。

正如中国政府所言,在中国经济生活中实现对知识产权的完善保护还任重道远。

许多国家也都面临同样的情况,使这一局面得到改善显然是国际合作的基本任务之一。

中国在这方面取得的成就已使她有资格加入世界贸易组织,法国为一开始就和中国并肩前进感到自豪,尤其是她用法语为中国培养了30多位专家,包括来自专利局和商标局的工程师和法律人员。

黄晖先生的杰出工作同时证明了这一培训的质量、中国知识产权界的活力以及法国和法语从中所起的作用。

因此应当特别感谢和祝贺这一工作。

法国国家工业产权局局长

达尼埃尔·昂格尔

1998年8月27日

WORLD INTELLECTUAL PROPERTY ORGANIZATION

世界知识产权组织

ORGANIZACION MUNDIAL DE LA PROPIEDAD INTELECTUAL

ORGANISATION MONDIALE DE LA PROPRIÉTÉ INTELLECTUELLE

المنظمة العالمية للملكية الفكرية

ВСЕМИРНАЯ ОРГАНИЗАЦИЯ ИНТЕЛЛЕКТУАЛЬНОЙ СОБСТВЕННОСТИ

PI – 73
– 20 CHN

Le 12 juin 1998

Cher Monsieur,

En réponse à votre lettre du 3 juin 1998, dont je vous remercie, j'ai le plaisir de vous informer que l'OMPI vous autorise à insérer la traduction anglaise du Code de la propriété intellectuelle de la France dans l'ouvrage que vous préparez, pour autant que vous indiquiez dans cet ouvrage que l'OMPI est la source de cette traduction.

Je vous souhaite bonne chance et plein succès et vous félicite de votre très intéressante initiative.

Veuillez agréer, cher Monsieur, l'assurance de ma considération distinguée.

François Curchod
Vice-directeur général

Monsieur Huang Hui
Administration d'Etat pour l'industrie
  et le commerce
8, Sanlihe Donglu
Xichengqu
100820 Beijing
République populaire de Chine

34, chemin des Colombettes, 1211 GENÈVE 20 (SUISSE); ✆ (022) 338 9111; Fac-similé (41-22) 733 5428; Télex CH - 412 912
Internet : http://www.wipo.int   e-mail: wipo.mail@wipo.int   Banque: Crédit Suisse, Genève, compte OMPI N° 48 7080-81
www.ompi.int   Chèques postaux: OMPI N° 12-5000-8, Genève

黄晖先生：

感谢您 1998 年 6 月 3 日的来信，我谨愉快地通知您世界知识产权组织同意您将《法国知识产权法典》的英文译本收入您准备的著作中，并在该著作中指明该译本源自世界知识产权组织。

希望您好运和取得圆满成功，并祝贺您这一很有意义的提议。

顺致敬意！

世界知识产权组织副总干事
弗朗索瓦·居尔舒

1998 年 6 月 12 日

Preface

On the occasion of the publication of the second edition of the Chinese translation of the French Intellectual Property Code (Legislative part), I wish to congratulate Mr. Huang Hui and Mr. Zhu Zhigang, senior partners of Wan Hui Da Law Office in Beijing on this remarkable achievement.

WIPO has always been an enthusiastic and steadfast advocator for the academic exchange in terms of the intellectual property legislation among its member States both on governmental and non-governmental levels. I am confident that this translation as well as the introduction of the French Intellectual Property Code (Legislative Part) to the Chinese readership coincides with this goal. It will certainly be appreciated by the IP community in China and that at international level.

I wish you good luck and success in your future endeavor of translation and introduction of the legislative updates of different countries, which is a worthwhile cause to pursue.

With best regards.

Ms. Wang Binying, Deputy Director General
The World Intellectual Property
Organization (WIPO)

Geneva, July 2015

序

值此《法国知识产权法典》(法律部分)中译本再版之际,我谨向远在北京的万慧达律师事务所的两位高级合伙人并本书作者黄晖博士和朱志刚先生,就他们为此书的出版面世所作出的卓越贡献表示祝贺。

世界知识产权组织始终热诚且坚定不移地致力于推进成员国政府及民间知识产权立法层面上的学术交流。我坚信该译本的面世以及两位作者藉由本书向中国的广大读者介绍《法国知识产权法典》(法律部分)与世界知识产权组织的这一宗旨是不谋而合的。本书必将在中国及国际知识产权界收获赞誉。

祝二位在今后翻译和推介别国知识产权立法的事业中一帆风顺、马到成功!

祝好!

世界知识产权组织
副总干事 王彬颖女士

于日内瓦
2015 年 7 月

Préface

Il n'est pas de plus grande récompense pour un professeur que de constater, après de nombreuses années de transmission du savoir à des générations d'étudiants, que parfois l'élève dépasse le maître.

Ainsi en est-il du soussigné qui, après avoir eu Monsieur HUANG Hui comme interprète lors d'un colloque à Canton en 1990, l'a eu comme étudiant au Centre d'Etudes Internationales de la Propriété Intellectuelle (CEIPI) de l'Université de Strasbourg, qui est le plus important institut d'enseignement du droit de la propriété intellectuelle en Europe.

Après 8 ans, diplômé du CEIPI, Monsieur HUANG Hui est aussi devenu docteur en droit de l'Université de l'Académie Chinoise des Sciences Sociales à Pékin sous la direction du célèbre professeur Monsieur ZHENG Chengsi en 2000.

Au fil des années, Monsieur HUANG Hui est devenu un grand avocat spécialisé en droit de la propriété intellectuelle, notamment en droit des marques, en Chine certainement, mais aussi en Europe, en particulier en droit de l'Union européenne, pour cette matière. Il y a 16 années Monsieur HUANG Hui a entrepris un chantier immense: traduire en chinois le code français de la propriété intellectuelle qui embrasse toutes les matières de cette branche du driot: le droit d'auteur, le droit des dessins et modèles, le droit des brevets, le droit des marques…, tel qu'il est harmonisé au sein de l'Union européenne et unifé avec la création de titres communautaires pour les marques et les dessins et modèles.

Le droit de la propriété intellectuelle en Europe comme en Chine et dans tous les pays du monde est en perpétuel changement. En effet, parce qu'il a pour objet de protéger et de valoriser les fruits de l'activité intellectuelle des êtres humains, il doit s'adapter aux innovations de toures sortes qui bouleversent l'économie et les relations commerciales dans le monde. Au cœur de ce changement il y a «la longue marche» vers l'unification du droit de la propriété intellectuelle, mais aussi toutes les autres branches du droit qu'il met en œuvre, telles que le droit des contrats, le règlement des litiges internationaux… La Chine participe à ce mouvement en procédant à des modifications successives de sa législation en la matière et à travers sa participation dans les grandes conférences Internationales que suscite l'évolution du droit de la propriété intellectuelle.

C'est dire l'importance de cette nouvelle édition en chinois du code français de la propriété intellectuelle, qui non seulement actualise la connaissance de cette branche du droit pour les professionnels, les universitaires et les étudiants qui sont concernés, mais qui traduit la culture juridique romano-germanique, telle qu'elle s'est construite depuis le droit romain, en particulier la culture juridique française depuis le XVIIIème siècle.

Les juristes français, praticiens et enseignants-chercheurs, l'Université française sont particulièrement reconnaissants envers Monsieur HUANG Hui d'avoir pris une telle initiative, qui illustre la richesse de la collaboration qui s'est établie entre la Chine et la France depuis plusieurs années autour de la propriété intellectuelle: échange d'étudiants, échange d'enseignants.

Le CEIPI est heureux d'avoir comme professeur invité Monsieur HUANG Hui qui vient enseigner le droit chinois des marques et le droit comparé avec le droit communautaire.

En cette année 2014 qui marque le cinquantième anniversaire de la reconnaissance de la Chine par le Général De Gaulle, la France de la propriété intellectuelle dit MERCI à Monsieur HUANG Hui pour son initiative.

Professeur Yves REBOUL

Professeur émérite de l'Université de Strasbourg

Directeur Général honoraire du CEIPI

Directeur de la Section française du CEIPI

Professeur d'honneur de l'Université de Politique et de Droit de Sud-Ouest

序

对一个老师来说,经过给学生多年传道授业解惑之后,没有比学生青出于蓝而胜于蓝更让他欣慰的事了。

黄晖先生在1990年我参加在广东举办的研讨会上担任我的翻译,后来又到我所执教的欧洲最负盛名的知识产权教育机构——斯特拉斯堡大学国际知识产权研究中心(CEIPI)求学,他的情形正好印证了以上所言。

黄晖先生从CEIPI毕业8年之后又于2000年在中国另一位知名教授郑成思先生的指导下获得中国社会科学院研究生院的博士学位。

这些年来,黄晖先生不仅成为中国知识产权尤其是商标专业的优秀律师,同时他对欧洲这一领域的立法也了然于胸。16年前,黄晖先生就已完成一个巨大的工程,即把囊括该领域著作权、外观设计、专利、商标等所有分支,且整合了欧盟知识产权立法以及共同体商标及外观设计的法国知识产权法典翻译成中文。

和其他国家一样,欧洲和中国的知识产权法都在不断的演变之中。事实上,鉴于它的宗旨就是保护和提高人类智力活动的成果,它就需要适应撼动世界经济和贸易关系的各种创新。在这个变革中,不仅有走向知识产权协调统一的"万里长征",也有合同法、国际争端解决等部门法。中国不仅持续地修改相关立法,也积极参与推动知识产权法发展的大型国际会议。

法国知识产权法典中文版的再版不仅会增进业界和学界对这一学科最新进展的了解,而且也会传译罗马—日耳曼法学文化,这一文化植根于罗马法,尤其是18世纪以来的法国法律文化。

法国的法学工作者,包括业界和学界,法国的大学对黄晖先生的这一创举都深表谢意,因为它见证了多年来中法知识产权合作的丰硕成果。

CEIPI 十分荣幸邀请到黄晖先生执教中国商标法及中欧比较商标法。

2014 年正值中法建交 50 周年,法国知识产权界对黄晖先生的创举表示感谢。

何伯乐(Yves REBOUL)教授

斯特拉斯堡大学荣誉教授

国际知识产权中心荣誉主任

国际知识产权中心法语部主任

中国西南政法大学荣誉教授

译者序（1999年版）

1804年颁布实施了世界上第一个《民法典》的法国，于1992年7月1日颁发92－597号法律将当时二十三个与知识产权有关的单行立法汇编整理成统一的《知识产权法典》（法律部分），从而形成了世界上知识产权保护领域的第一个法典。在此之后的六年间，法国又先后十二次对法典进行了修改和增补，使其知识产权立法始终处于世界各国的前列。

该法典一方面汇集了法国大革命以来二百多年积累的知识产权立法成果，另一方面在制定以后又随着经济和技术的发展不断进行调整和更新，因此是一部既先进成熟而又充满生机的法典。

总体上看，法国《知识产权法典》（法律部分）具有以下四个方面的特点：

（一）保护范围广。在法典颁布前，法国经过二百多年的立法和司法实践已经形成了门类齐全的知识产权保护体系，法典的制定使这些相对独立和零散的知识产权各部门立法汇集成了一个内容丰富的有机整体，充分体现了法典这种立法形式结构清晰、逻辑严密的优点。

《知识产权法典》共分三个部分，第一部分为文学和艺术产权，包括著作权、著作权之邻接权和关于著作权、邻接权和数据库制作者权的通则三卷，第二部分为工业产权，包括行政及职业组织、工业品外观设计、发明及技术知识的保护以及制造、商业及服务商标和其他显著性标记四卷，第三部分为在海外领地及马约尔属地的适用，包括在海外领地及马约尔属地的适用一卷。其中，第六卷的技术知识的保护是指制造秘密、半导体布图设计和植物新品种的保护，第七卷的其他显著性标记则是指原产地名称。卷下设编、章、条，现有十七编、五十一章、四百四十一条。由上可知，法典几乎囊括了所有的知识产权保护内容。

（二）保护水平高。法国知识产权的保护水平是随着知识产权立法二百多年的演变发展而逐步提高的。

以著作权为例,立法者在制定1791年的表演权法和1793年的复制权法时即将文学和艺术产权称为"最神圣的所有权",这两部法律在1957年彻底实现著作权法现代化以前经历了五次重要的修改,即1866年法赋予作者配偶对作品的用益权(L.123-6条),1902年法宣布作品无论艺术价值和用途如何均受保护(L.112-1条),1910年法明确艺术品原件的转让不影响著作权的归属(L.111-3条),1920年法创设了追续权(L.122-8条)及1925年法取消了依法缴送样本作为保护前提的规定(L.111-2条)。

1957年的著作权法全面提升了著作权的保护水平,该法不仅保护作者包括追续权(L.122-8条)在内的财产权利,还保护包括追悔及收回权(L.121-4条)在内的精神权利,在著作权的使用如出版合同、表演合同等方面,为了保护作者的利益免受损害,法律甚至规定了很多限制性的规定(具体可参看第一卷第三编)。1985年的修改更上一层楼,将软件作为作品纳入著作权保护,并增加了对邻接权的保护,尤其是大量增加了著作权及邻接权集体管理方面的内容。

在专利方面,1844年的专利法对授予专利没有创造性的要求,也没有权利要求书的概念。1968年法国按照《斯特拉斯堡公约》的要求全面革新了专利法,引入了创造性和权利要求书的概念,并且建立了审查报告制度,使法国具备了加入《欧洲专利公约》和《专利合作条约》的条件,大大加强了法国专利的声誉。1978年的修改弥补了1968年法的不足,承认了权利穷竭的理论(L.613-6条),对职务发明进行了规范。

在商标方面,法国于1857年制定了世界上第一个成文商标法。1964年,法国现代商标法问世,确立了商标权利仅由注册产生、对注册申请进行审查和注册后负有使用义务的原则。1991年法国按照1988年《协调成员国商标立法欧洲共同体理事会第一号指令》的要求全面修改了商标法,增加了对音响商标的保护,设立了异议制度,对著名商标进行扩大保护(L.713-5条),承认了权利穷竭及显著性可以经使用而产生或丧失的理论(L.713-4条、L.711-2条及L.714-6条),允许对欺诈注册提起所有权追还诉讼(L.712-6条),使法国商标法处于世界领先地位。

在地名保护方面,法国的香槟酒(Champagne)和干邑酒(Cognac)世界性的声誉很大程度上要归功于法国建立了完善先进的原产地名称制度(L.721-1条)。

此外,法典特别规定保护工业产权巴黎公约及其派生议定书导致对外国人的保护高于法国人的,法国人可直接要求享受该保护,从而完全杜绝了超国民待遇(L.614-31条)。

(三)保护更新快。法国制定知识产权法典后并未固步自封,尤其是为了贯彻欧洲联盟近年来颁布的一系列有关知识产权的条例以及世界贸易组织《与贸易有关的知识产权协定》,曾先后十二次修改或增补法典,涉及条目有一百一十二条,占总条目的四分之一,说明法国知识产权立法进程出现加速发展的势头,而这在其他法律部门是十分少见的。

这十二次中比较重要的修改和增补包括:1994年法国全面加强了对软件的保护力度,1995年规定了静电复制权(L.122-10条至L.122-12条),1996年规定了对方法专利(L.615-5-1条)和对葡萄酒和烈性酒的地理名称的保护(L.711-3条),1997年一方面将著作权和邻接权的保护期分别延长到七十年和五十年,一方面则对卫星播放权和有线转播权进行保护,1998年7月1日则进一步将数据库制作者的保护纳入知识产权的保护范畴(第三卷第四编)。

(四)保护手段有力。法国一贯重视加强知识产权保护手段的力度,例如在查处侵犯著作权及其邻接权、工业品外观设计、专利、植物新品种、商标案件时,专门设置了侵权扣押或海关扣押程序,通过这些扣押,权利人可以及时、有效地获得有关侵权的来源、范围方面的信息并作为证据在法庭上被采用,极大地便利了案件的查处。

1994年修改《知识产权法典》时,刑事处罚的力度得到了全面加强,通过增加司法警察可以主动查扣、法人须承担侵权刑事责任、判处侵权人停业、剥夺侵权人商事选举资格、没收侵权物品、累犯加倍处罚等一系列措施,有效地震慑和打击了知识产权犯罪。

法典代表大陆法系立法的最高成就。法国作为典型的大陆法系的国家早在1804年就颁布实施了世界上第一个《民法典》即《拿破仑法典》,1992年颁布《知识产权法典》(法律部分)不仅系统整合了法国已有的知识产权立法,同时使其他大陆法系国家有了一个知识产权立法的完整参照系。

我国知识产权立法起步晚,虽然起点相对较高,但目前随着知识经济和全球贸易时代的逐渐到来,知识产权的作用越来越大,加强知识产权的立法和修改已势在必行,而大胆参考发达国家尤其是像法国这样一些与我国同属大陆法系的国家的上百年的立法经验,无疑会加快我国知识产权立法现代化的进程。除了以上四个方面的示范价值以外,法国《知识产权法典》的立法技巧也很值得借鉴,这主要表现在以下三个方面:

(一)《知识产权法典》较好地处理了特别法和一般法的关系。知识产权是一种私权,不少人认为知识产权法是民法的一个分支,属特别法。1804年法国《民法典》颁布时,知识产权的重要性远没有现在这么突出,《民法典》中也就没有针对知识产权的专门规定。因此,法国决定对知识产权采取单独立法的方式后,就十分注意处理同民法、商法以及劳动法等一般法的关系问题,并取得了较好的效果,例如:

——知识产权是一种无形财产权,《民法典》中关于有形财产权的很多规定便不能直接适用于知识产权,如除有关遗著的特殊情况外,艺术作品原件的所有权与作者对该作品的著作权就是相互独立的(L.111-3条、L.123-4条),《民法典》关于有形财产共有的第815条及以后各条、第1873-1条及以后各条以及第883条及以后各条即不适用于专利及植物新品种证书申请或专利及植物新品种证书的共有(L.613-30条、L.623-4条),工业品外观设计、专利及商标权利的移转或变更由于不像有形财产那样可以通过实际占有来确定所有权,因此非经在注册簿上登记不得用以对抗第三人(L.512-4条、L.613-9条及L.714-7条);

——为保护作者权益免遭侵害,对契约自由进行大量限制,如规定全部转让未来作品无效(L.131-1条),要求采用书面合同(L.131-2条、L.132-7条),转让所得一般均须采用按比例提成,个别情况下才可以一次付清(L.131-4条),未经作者事先授权,不得将合同权益转让第三人(L.132-16条),甚至在财产权利中规定追续权(L.122-8条)及在精神权利中规定追悔或收回权(L.121-4条)等;

——在商事法的破产规定方面,明确规定出版人和视听作品制作者进入依司法判决的重整并不当然导致合同撤销(L.132-15条、L.132-30条);

——在劳动关系方面,法典规定智力作品的作者订有或订立劳务合同或雇佣合同不影响其享有任何精神权利和财产权利(L.111-1条),对职务创作软件和职务发明专利也进行了专门规定(L.113-9条、L.611-7条);

——此外,在著作权与婚姻和继承的关系方面也有不同一般法的特别规定(L.121-9条、L.123-6条)。

当然,除了以上所举的例外规定外,一般法的普遍原则仍然是适用的,例如为获得因转让、经营或使用作品最近三年欠付的报酬及收益,作者、作曲者及艺术家可享有《民法典》第2101条4)及第2104条所规定的优先权(L.131-8条);在处理专利的转让和许可使用方面,可适用《民法典》中关于无隐藏瑕疵担保和无所有权追夺担保的规定;至于在处理不正当竞争时,则完全适用《民法典》第1382条"任何行为人使他人受损害时,因自己的过失而致行为发生之人对该他人负赔偿的责任"的规定(L.112-4条、L.713-5条);而有关追还专利、半导体布图设计和商标所有权的规定正是对"欺诈毁灭一切"的诚实信用原则的体现(L.611-8条、L.622-3条及L.712-6条)。

(二)《知识产权法典》较好地明确了知识产权内部各部门立法的关系。知识产权的保护标的种类繁多,且容易交叉,法典十分注意划分各个保护标的界限,避免这种内部冲突,例如规定翻译、改编、改动或整理智力作品的作者在不损害原作品著作权的情况下享有著作权保护(L.112-3条);有关邻接权的任何规定均不得解释为限制著作权所有人行使其权利(L.211-1条);对数据库制作者的保护独立于著作权或其他权对数据库或其组成部分的保护并在实施时不得损害这一保护(L.341-1条);同一标的同时被视为新外观设计和可授予专利的发明,且外观设计的新颖性的组成要素与发明的相同要素不可分的,该标的只能依有关发明专利的规定进行保护(L.511-3条);计算机程序应受著作权保护而不得授予专利(L.112-2条、L.611-10条);植物新品种不得受专利保护(L.623-2条);纯由商品性质或功能所决定的外形,或赋予商品以基本价值的外形构成的标记不得作为商标(L.711-2条);侵犯他人公司名称或企业名称、全国范围内知名的厂商名称或牌匾、受保护的原产地名称、著作权、受保护的工业品外观设计权、第三人的人身权,尤其是姓氏、假名或肖像权、地方行政单位的名称、形象或声誉等在先权利的标记不得作为商标使用和注册。但法典从艺术的统一性出发,又承认同一作品可以享受著作权和外观设计的重叠保护(L.511-1条)。

(三)《知识产权法典》术语准确、逻辑严密、互相借鉴。法典十分注意术语的准确使用,例如在涉及转让、质押及许可使用时,法典一律是针对系于标的的权利而言,而不是标的本身,特别是1992年法典颁布时的L.131-4条在规定稿酬可以一次付清的例外条件时,列举了"软件的转让",1994年修改时立即更正为"软件权利的转让",表现出一丝不苟的精神;又如,"独占及可对抗一切他人的无形财产权"在法语原文中可以清楚地看到"无形"的是"财产","独占及可对抗一切他人"的是"权利",不会出现"无形权利"的概念。

逻辑严密方面,在此仅举商标法中的两个例子,一个是关于商标权穷竭的规定,法典先是将权利人同意投放市场后的商业行为排除在商标专用权之外,但紧接着又规定如有正当理由,尤其是商品投放市场后其状况有所改变或损坏的,商标所有人可禁止进一步的商业流通(L.713-4条);一个是规定商标注册并不妨碍他人正常使用与其商标相同和近似的姓氏及地址等,但马上又对这一例外加以限制,即这种使用损害注册人权利的,注册人可要求限制或禁止其使用(L.713-6条)。法典中大量运用这种形式的规定,目的是尽可能平衡权利人和其他人的利益。

至于互相借鉴,突出体现在追还商标权诉讼的规定明显是从追还专利权诉讼模仿而来的(L.712-6条、L.611-8条),而追还所有权诉讼最早则是在《民法典》第2279条中规定的;在恢复因误期丧失专利、外观设计及商标权利的规定上也有类似情况(L.612-16条、L.512-3条及L.712-11条)。

当然,法国《知识产权法典》(法律部分)也存在一些不足,比较突出的是,1992年颁布法典时基本上只是将当时的知识产权各部门法汇集到一起,体例上仍然保持相互独立,1994年为加强反假冒力度修改法典时也只有遵循这一体例,从而使有关执法程序的规定在行文上较为重复。此外,法典在数字网络时代仍将著作权的财产权截然分为复制权和表演权,在扩大保护上将驰名商标与著名商标等同看待似乎都有待研究。

总的说来,法国作为对知识产权国际保护做出过重要贡献的国家(《保护工业产权巴黎公约》在法国签订,《保护文学和艺术作品伯尔尼公约》最新文本在法国巴黎修订),率先制定出代表世界一流水平的第一部《知识产权法典》,意义十分重大。现将其1998年7月1日最新修订本据法文原文译出,希望对我国今后知识产权立法、司法及法学研究有所裨益。需要说明的是,法国在1992年颁布《知识产权法典》(法律部分)后于1995年4月10日又颁布了《知识产权法典》(法规部分),该部分汇集法国行政法院制定的有关知识产权的行政法规,因内容主要涉及具体操作程序和规范,这次暂未译出。

为便于读者研究、对照,本书将《知识产权法典》(法律部分)的中文译文、法文原文及英文译文合并出版。世界知识产权组织居尔舒副总干事特别许可本书使用该组织翻译的法典的英文译本,译者的导师中国社会科学院郑成思教授又根据该英文本对中文译文进行了审校,法国国家工业产权局昂格尔局长也欣然为法典的中文版作序,商务印书馆的张文英女士为本译文的出版付出了艰苦细致的劳动,在此谨一并致谢。译文缺误之处,希望能得到读者的批评与指正。

黄　晖
1998 年 7 月 17 日于北京和平里

译者序（2014年版）

法国知识产权法典由1992年7月1日第92-597号关于知识产权法典的法律创立，截至2013年1月1日，历经以下56次修改，平均每年修改近三次之多，最多的一年修改竟然有8—9次之多（如2004年，2011年）；1999年7月由商务印书馆出版的中文《法国知识产权法典》截止到1998年7月1日的12次修改，这次翻译了随后的44次修改的内容，具体修改法律的名称汇总如下：

1992年

1. 1992年7月17日第92-677号关于法兰西共和国实施欧洲共同体理事会第91-680号完善增值税共同体系的指令并为取消边境检查，实施第77-388号及第92-12号有关消费税产品的持有、流通及检查指令的法律；

2. 1992年12月16日第92-1336号关于新刑法典生效及为此生效修改刑法和刑诉法部分条款的法律；

1993年

3. 1993年7月26日第93-949号关于消费法典的法律；

4. 1993年12月31日第93-1420号关于落实欧洲经济空间协定及欧洲联盟条约修改有关规定的法律；

1994年

5. 1994年2月5日第94-102号关于打击假冒及修改知识产权法

典部分条款的法律；

6. 1994年5月10日第94-361号关于实施1991年5月14日欧洲共同体理事会第91-250号涉及计算机程序保护指令及修改知识产权法典的法律；

7. 1994年7月29日第94-653号关于尊重人体的法律；

1995年

8. 1995年1月3日第95-4号关于补充知识产权法典及静电复制权集体管理的法律；

1996年

9. 1996年3月28日第96-267号关于新刑法典在海外领地及马约尔属地生效及为生效进行的相关立法规定修改及延伸的法令；

10. 1996年12月18日第96-1106号关于根据世界贸易组织协定修改知识产权法典的法律；

1997年

11. 1997年3月27日第97-283号关于将欧洲共同体理事会1993年9月27日93/83号及1993年10月29日93/98号指令移植到知识产权法典的法律；

1998年

12. 1998年7月1日第98-536号关于移植欧洲议会及理事会1996年3月11日关于数据库司法保护96/9/CE号指令的法律；

13. 1998年12月23日第98-1194号关于1999年社会保障系统筹款的法律；

2000 年

14. 2000 年 7 月 10 日第 2000-642 号关于规范自愿公开拍卖动产的法律；

15. 2000 年 8 月 1 日第 2000-719 号法律修订 1986 年 9 月 30 日第 86-1067 号关于通信自由的法律；

2001 年

16. 2001 年 7 月 17 日第 2001-624 号关于多个社会、教育及文化规定的法律；

17. 2001 年 7 月 25 日第 2001-670 号关于知识产权法典和邮政电讯法典适用欧盟法律的法令；

18. 2001 年 12 月 3 日第 2001-1135 号关于丧偶夫妻和非婚生子女权利以及继承法现代化的法律；

2003 年

19. 2003 年 6 月 18 日第 2003-517 号关于图书馆出借的酬劳以及作者社会保障强化的法律；

20. 2003 年 8 月 1 日第 2003-706 号关于金融安全的法律；

2004 年

21. 2004 年 2 月 11 日第 2004-130 号关于某些司法或法律职业、司法专家、知识产权顾问和公开拍卖专家资格的法律；

22. 2004 年 3 月 9 日第 2004-204 号关于司法应对犯罪新趋势的法律；

23. 2004 年 6 月 21 日第 2004-575 号关于增强对数字经济信心的法律；

24. 2004年7月1日第2004-637号关于简化行政委员会组成及职能以及减少其人员编制的法令；

25. 2004年7月9日第2004-669号关于电子通讯及视听通讯服务的法律；

26. 2004年8月6日第2004-800号关于生物伦理的法律；

27. 2004年12月8日第2004-1338号关于生物科技发明保护的法律；

28. 2004年12月9日第2004-1343号关于简化法律的法律；

2005年

29. 2005年7月26日第2005-842号关于增强对经济的信心以及经济现代化的法律；

2006年

30. 2006年3月1日第2006-236号关于植物新品种的法律；

31. 2006年6月1日第2006-639号关于改革律师、公证员、司法专家、知识产权顾问和司法管理人资格的规定延伸适用至海外领土的法令；

32. 2006年6月23日第2006-728号关于继承和赠予改革的法律；

33. 2006年8月1日第2006-961号关于信息社会著作权及邻接权的法律；

2007年

34. 2007年2月26日第2007-248号关于药品领域适用欧盟法律的法律；

35. 2007年10月29日第2007-1544号关于打击假冒的法律；

36. 2007年12月19日第2007-1786条关于2008年社会保障系统筹款的法律；

2008 年

37. 2008 年 6 月 3 日第 2008－518 号关于外太空计划的法律；

38. 2008 年 8 月 4 日第 2008－776 号关于经济现代化的法律；

39. 2008 年 12 月 11 日第 2008－1301 号关于发明专利和商标的法律；

2009 年

40. 2009 年 5 月 12 日第 2009－526 号关于法律的简化和阐释以及程序优化的法律；

41. 2009 年 6 月 12 日第 2009－669 号关于促进网络创作的传播和保护的法律；

42. 2009 年 10 月 28 日第 2009－1311 号关于文学及艺术产权网络刑事保护的法律；

2010 年

43. 2010 年 6 月 15 日第 2010－658 号关于有限责任一人公司的法律；

44. 2010 年 7 月 23 日第 2010－853 号关于商事裁判网络、商业、手工业及服务业的法律；

45. 2010 年 12 月 7 日第 2010－1487 号关于马约尔属地的法律；

2011 年

46. 2011 年 3 月 14 日第 2011－267 号关于保障国内安全的方针与规划的法律；

47. 2011 年 5 月 17 日第 2011－525 号关于简化法律及改善法律质量的法律；

48. 2011年5月26日第2011-590号关于数字书籍价格的法律;

49. 2011年7月28日第2011-901号关于改善省级残疾人疗养院职能以及有关残疾人政策的法律;

50. 2011年12月8日第2011-1843号关于植物新品种证书的法律;

51. 2011年12月13日第2011-1862号关于诉讼分配以及优化部分司法程序的法律;

52. 2011年12月19日第2011-1895号关于民事执行程序法的法律部分的法令;

53. 2011年12月20日第2011-1898号关于个人复制应支付的报酬的法律;

54. 2011年12月29日第2011-2012号关于加强药品及健康产品卫生安全的法律;

2012年

55. 2012年3月1日第2012-287号关于20世纪未发表书籍的数字化使用的法律;

56. 2012年12月24日第2012-1441号关于就近司法的法律。

当然,最近这44次修改的重要程度并不一样,其中比较重要的有以下几次:

1) 2001年7月25日第2001-670号关于知识产权法典和邮政电讯法典适用欧盟法律的法令:该法令主要涉及在国内法适用1998年10月13号第98/71/CE号和该法令对外观和实用新型专利制度进行全面修订。自此,法国对外观和实用新型专利的注册提出形式审查要求。外观和实用新型专利注册的同时,自动获得著作权保护。然而,对于新颖性的要求,则由每个国家自行确定标准。此外,根据1988年12月21日第

89/104号欧盟协调成员国商标立法的一号指令,该法令修改了商标许可的规定;同时,根据欧盟理事会第40/94号共同体商标条例,该法令首次明确了对欧盟共同体商标的保护。

2）2004年12月8日第2004-1338号关于生物科技发明保护的法律:该法律旨在引入1998年7月6日的关于统一对新科技(尤其是植物和人类基因)授权专利权标准的欧盟指令,并使国内法与之相一致;该法律同时对第2004-800号关于生物伦理的法律进行补充,明确仅发现基因或与之相关的功能的,不能获得保护。只有与这些功能相关的技术申请才能获得专利权;该法律扩大了生物科技发明相关的保护范围;该法律同时将动植物相关的发明纳入保护范围,只要这些发明技术可行性不局限于特定的植物新品种或动物种类;该法律还设立了"农民特权",即农民有权使用从受专利保护的种子培育出的农产品,用于其自己的农业开发。

3）2006年8月1日第2006-961号关于信息社会著作权及邻接权的法律:该法律的出台,主要为了应对著作权合理使用情形的不断增多,以及规范网络非法下载行为。该法律主要针对使用权做了大幅修订:明确定义了以定额报酬方式进行的、在科研教学领域内或者为残疾人进行复制和展示的条件;只有在明确作者署名、并以快速传递信息为唯一目的的前提下,报纸才可以全部或者部分地复制某一作品;明确了以方便网络读取为目的进行的作品缓存的条件;明确了"合理使用不得阻碍作品正常的使用,亦不得对作者的正当利益做不正当的侵犯"这一原则;明确了以保存为目的或为便于以非商业性质的调研和学习为目的的查询,而进行的对作品的复制的合法性,因此,作品的电子化不再完全需要作者的授权;该法律将邻接权的保护期限修改为50年,同时加入了一些保护和惩罚措施。

4）2007年10月29日第2007-1544号关于打击假冒的法律:该法律对打击假冒领域做出了重大调整;为打击假冒网络,设立信息获取权;设立假冒产品召回制度;设立新的更为严厉的赔偿计算方式;统一假冒产品查封扣押程序;重新梳理临时性和保全措施并做进一步延伸;加强了打击假冒的刑事处罚。

5) 2009年6月12日第2009-669号关于促进网络创作的传播和保护的法律:该法律设立独立的监管机构"网络作品传播与权利保护高级公署"以打击网络侵权;网络作品传播与权利保护高级公署可以实施"三振出局"惩罚措施:非法网络下载被发现后,高级公署先向侵权用户发送一封警告邮件;二次发现非法下载后,高级公署以挂号信形式寄送警告函;三次发现非法下载后,高级公署将切断侵权用户的网络连接。实际上,该法律的部分内容被法国宪法委员会裁定违宪。宪法委员会认为,以保护知识产权权利人的名义,赋予行政机构限制或阻止用户上网的权利,违背了1789年人权宣言赋予公民的言论自由和通信自由的权利。此外,举证责任倒置的设定,实际上起到推定有罪的效果,违背了1789年人权宣言有关无罪推定的规定。

6) 2009年10月28日第2009-1311号关于文学及艺术产权网络刑事保护的法律:该法律再次引入前述已被裁定违宪的相关规定;该法律允许高级公署向法官移交所有其掌握的信息,法官可以采用加快程序,无须听取控诉及答辩意见,以书面形式裁定断网。此外,法官还可以裁定罚款。该项规定被认为是对法国对审原则的破坏,其加快的审理速度也备受诟病。高级公署负责执行法官的裁定。

7) 2011年12月8日第2011-1843号关于植物新品种证书的法律:该法律使21个种类的受保护品种的种子使用合法化,且受保护品种种类的名单还可扩大;农民只需支付部分赔偿金即可合法使用这些种子;通过该法律,法国在植物新品种的保护方面又有较大上发展。

如果说1992年知识产权法典制定以前基本上还是法国自己的立法实践,随着欧洲内部市场建设的不断深化,尤其是诸多协调立法的指令的颁布,以著作权法为例,法国的著作权法就越来越浸透上欧盟的色彩,欧盟关于计算机软件(1991)、出租权与出借权(1992)、版权与邻接权保护期

(1993)、卫星广播和有限转播(1993)、数据库(1996)、追续权(2001)、信息社会版权(2001)乃至知识产权执法(2004)的指令无不在法国的著作权法中得以体现和实施。外观设计方面,法典也完全按照欧盟外观设计指令的要求重新立法,变化很大。此外,国际公约的演进也对法国的著作权法的发展产生了深刻的影响,最直接的例子就是1994年的《与贸易有关的知识产权协定》(TRIPS)以及1996年的互联网条约——即《世界知识产权组织版权条约》(WCT)及《世界知识产权组织表演和录音制品条约》(WPPT)。

当然,法国也不是简单地照抄照搬欧盟指令和国际公约,更多的也结合了自身的国情和特点,在某些方面,法国甚至走在了欧盟和其他国家的前面,最突出的表现就在《2006年8月1日关于信息社会著作权和邻接权的2006-961号法律》和《2009年6月12日促进作品网络传播和保护的2009-669号法律》。通过这两个法律,法国建立了新的"三振出局"的互联网著作权游戏规则,个人对作品的利用或访问受到空前的管控,由此也引发了强烈的反对。需要说明的是,由于这两个法律对社会一般大众的影响很大,宪法委员会最后也介入到立法进程并做出裁定,在最后颁布的正式法律条文后面直接载明"该条款来自宪法委员会裁定"或"该条款被宪法委员会裁定违宪",这种做法即使不是绝无仅有,至少也是极其罕见的,我们只是原样反映到我们的译文中。

其实,著作权的演变一直与信息技术的发展密切相关,互联网的出现更是彻底改变了信息传播的方式,也因此引发了著作权法的深刻改革,透过法国文学和艺术产权法的演变,我们可以看到,要想做到作品的作者、传播者、储存者和读者、观众、用户之间的利益平衡,已经越来越困难,甚至上升到言论自由和人权的高度,这从法国宪法委员会直接介入乃至监控立法进程即可得以印证。

法国是较早引入著作权集体管理的国家,目前的规则也已日臻完善(具体可参看第三卷第二编)。集体管理对于节约交易成本、提高作者议价能力和降低维权费用都有不可替代的作用，互联网条件下的著作权管理和保护只会进一步求助于集体管理模式。传统民法意义上个人的意思自治、合同自由原则也因此受到一定的限制，而向一种更为复杂的集体协商机制转化，作品的利用方式也呈现多样化的特点，集体管理的进一步发展也更加值得关注。

从法国这些年法典修订的情况来看，法国的知识产权立法变得更加缜密，甚至可以说是细致入微，例如商标许可的形式等；保护的水平，尤其是著作权保护的标准堪称世界第一，例如，以目前我国著作权法修改中热议的"追续权"问题为例，法国在2006年就对L.122-8条进行了全面细致的规定。当然，在如何应对互联网带来的挑战，包括如何平衡知识产权保护和基本人权的关系等问题上，法国的实践如"三振出局"等是否适当还有待时间的考验。

为了便利读者查阅和比对，我们特意对各个法律条文的主旨进行了归纳，编辑成"条目索引"。对于已废除的个别条款，为了不出现空缺和跳跃，我们在相关位置用"（已废止）"进行了标注。

法国从1992年制定知识产权专门法典至今，修订之频繁可谓令人目不暇接，甚至有翻译赶不上修订的感觉。这次翻译出版新的一版法国知识产权法典，再一次得到了世界知识产权组织（WIPO）的支持，王彬颖副总干事欣然同意继续使用该组织提供的英文译文，以方便中国读者使用。我的法国斯特拉斯堡大学国际知识产权研究中心（CEIPI）导师何伯乐（Y. Reboul）教授也特意为本书作序，回顾了法典的制定以及中法知识产权界的友好交往。我万慧达的同事朱志刚律师参与了这次新修订部分的翻译并编写了新的条目索引，为法典增色不少。商务印书馆一如既往地支持学术出版，政法编辑室主任王曦和责任编辑朱静芬女士对本书的再版也付出了很多劳动。我的中国导师郑成思先生转眼已经离开我们8年，当初正是在他的提议和审校下才有了法典的中文本，今年是他70周年诞辰，这次法典再版，也是对他的一个告慰。今年正值中法建交50周年纪念,借此一并对他们表示感谢!

黄　晖

2014 年 9 月 10 日

出 版 说 明

一、译文中凡未特别标注的条款均为1992年7月1日92-597号法律颁布时的条款。此后,凡经修改的条款均在译文中标注相应的法律及日期。

二、法典条款的编排一般为四个数字,如L.111-1条,其含义为:L.代表立法部分,四个数字依次表示卷、编、章、条,即第一个1表示第一卷,第二个1表示第一编,第三个1表示第一章,第四个1表示第一条;特殊的有五个数字,如L.122-6-1条,表示在L.122-6条及L.122-7条之间增补的新条目,单位仍然是条。

法国知识产权法典（法律部分）目录[①]

第一部分　文学和艺术产权

第一卷　著作权 …………………………………………… 3

第一编　著作权范围 …………………………………… 3
　第一章　著作权性质 ………………………………… 3
　第二章　受保护的作品 ……………………………… 4
　第三章　著作权人 …………………………………… 6

第二编　作者权利 ……………………………………… 9
　第一章　精神权利 …………………………………… 9
　第二章　财产权利 …………………………………… 12
　第三章　保护期限 …………………………………… 21

第三编　权利的使用 …………………………………… 24
　第一章　通则 ………………………………………… 24
　第二章　某些合同的特别规定 ……………………… 27
　　第一节　出版合同 ………………………………… 27
　　第二节　表演合同 ………………………………… 33

[①] 法典原文无目录，此目录为译者所加。——译者注

  第三节 视听作品制作合同 …………………………………… 35
  第四节 广告制作委托合同 ……………………………………… 38
  第五节 软件使用权质押合同 …………………………………… 38
  第六节 记者作品的使用权 ……………………………………… 39
 第三章 图书馆借阅报酬 ……………………………………………… 44
 第四章 关于数字化经营未发表书籍的特殊规定 ………………… 46

第二卷 著作权之邻接权 …………………………………………… 51

单编 ………………………………………………………………………… 51
 第一章 通则 …………………………………………………………… 51
 第二章 表演艺术者权利 ……………………………………………… 54
 第三章 录音制作者权利 ……………………………………………… 56
 第四章 表演艺术者及录音制作者的共同规定 ………………… 56
 第五章 录像制作者权利 ……………………………………………… 58
 第六章 视听传播企业权利 …………………………………………… 58
 第七章 卫星播放及有线转播的规定 ……………………………… 59

第三卷 关于著作权、邻接权及数据库制作者权的通则 …… 61

第一编 个人复制报酬 ……………………………………………… 61
 单章 …………………………………………………………………………… 61

第二编 报酬收取及分配协会 …………………………………… 65
 单章 …………………………………………………………………………… 65

第三编 预防、程序及处罚 ……………………………………… 70
 第一章 一般规定 ……………………………………………………… 70
  第一节 通则 ………………………………………………………… 70

第二节　保护和信息的技术措施 …………………………… 73
　　　第三节　网络作品传播与权利保护高级公署 ………………… 76
　　　　　第一段　管辖权、构成和组织 ……………………………… 76
　　　　　第二段　鼓励发展对用于提供在线公共通信服务的电子通信
　　　　　　　　　网络上合法和非法使用具有著作权或邻接权的作品
　　　　　　　　　和制品的监控及合法供应的任务 ………………… 82
　　　　　第三段　对具有著作权或邻接权的作品和制品进行保护的
　　　　　　　　　任务 …………………………………………………… 83
　　　　　第四段　对著作权或邻接权所保护作品和制品的保护与识
　　　　　　　　　别技术措施进行调整和监督的任务 ……………… 86
　第二章　侵权扣押 …………………………………………………… 90
　第三章　支付扣押 …………………………………………………… 92
　第四章　追续权 ……………………………………………………… 93
　第五章　刑事规定 …………………………………………………… 94
　第六章　著作权或邻接权所保护作品或制品的非法下载和
　　　　　使用的预防 ………………………………………………… 103

第四编　数据库制作者权 ………………………………………………… 105
　第一章　适用范围 …………………………………………………… 105
　第二章　保护范围 …………………………………………………… 106
　第三章　程序和处罚 ………………………………………………… 109

第二部分　工业产权

第四卷　行政及职业组织 ………………………………………………… 115

第一编　机构 ……………………………………………………………… 115
　第一章　国家工业产权局 …………………………………………… 115
　第二章　植物新品种委员会 ………………………………………… 117

第二编　工业产权从业资格 …………………………………… 117
第一章　在工业产权合格人员名单上登记 ………………………… 117
第二章　从事工业产权顾问的条件 ………………………………… 118
第三章　其他规定 …………………………………………………… 122

第五卷　外观设计

第一编　保护条件及方式 ………………………………………… 123
第一章　适用范围 …………………………………………………… 123
第一节　保护客体 ……………………………………………… 123
第二节　保护的权利 …………………………………………… 125
第二章　外观设计的注册 …………………………………………… 126
第一节　注册申请 ……………………………………………… 126
第二节　注册的无效 …………………………………………… 127
第三章　注册赋予的权利 …………………………………………… 128
第四章　其他规定 …………………………………………………… 131
第五章　共同体外观设计 …………………………………………… 131

第二编　纠纷 ……………………………………………………… 132
第一章　国内外观设计纠纷 ………………………………………… 132
第二章　共同体外观设计纠纷 ……………………………………… 140

第六卷　发明及技术知识的保护 ………………………… 142

第一编　发明专利 ………………………………………………… 142
第一章　适用范围 …………………………………………………… 142
第一节　通则 …………………………………………………… 142
第二节　证书权 ………………………………………………… 144

第三节　可授予专利的发明 …………………………… 146
　第二章　申请的提交和审理 ………………………………… 150
　　　第一节　申请的提交 …………………………………… 150
　　　第二节　申请的审理 …………………………………… 152
　　　第三节　发明的法定公开 ……………………………… 156
　第三章　专利权 ……………………………………………… 157
　　　第一节　专用权 ………………………………………… 157
　　　第二节　权利的转让及丧失 …………………………… 161
　　　第三节　专利的共有 …………………………………… 170
　第四章　国际条约的适用 …………………………………… 172
　　　第一节　欧洲专利 ……………………………………… 172
　　　　　第一段　欧洲专利申请的提交 …………………… 172
　　　　　第二段　欧洲专利在法国的效力 ………………… 173
　　　第二节　国际申请 ……………………………………… 177
　　　　　第一段　国际申请的提交 ………………………… 177
　　　　　第二段　国际申请在法国的效力 ………………… 179
　　　第三节　共同体专利 …………………………………… 179
　　　第四节　最后规定 ……………………………………… 180
　第五章　诉讼 ………………………………………………… 181
　　　第一节　民事诉讼 ……………………………………… 181
　　　第二节　刑事诉讼 ……………………………………… 187
　　　第三节　管辖及程序的规则 …………………………… 189

第二编　技术知识的保护 ……………………………………… 191

　第一章　制造秘密 …………………………………………… 191
　第二章　半导体制品 ………………………………………… 192
　　　第一节　申请 …………………………………………… 192
　　　第二节　申请产生的权利 ……………………………… 193
　第三章　植物新品种 ………………………………………… 194

第一节　植物新品种证书的颁发 ················· 194
   第二节　植物新品种赋予的权利和义务 ············ 200
   第三节　诉讼 ······························· 206

第七卷　制造、商业及服务商标和其他显著标记 ········ 213

　第一编　制造、商业及服务商标 ···················· 213
　　第一章　构成商标的要素 ······················ 213
　　第二章　商标权利的取得 ······················ 215
　　第三章　注册赋予的权利 ······················ 218
　　第四章　商标权利的移转和灭失 ················ 220
　　第五章　集体商标 ···························· 222
　　第六章　诉讼纠纷 ···························· 223
　　第七章　共同体商标 ·························· 234

　第二编　地理标志 ······························ 236
　　第一章　通则 ································ 236
　　第二章　诉讼纠纷 ···························· 236
　　　单节　民事诉讼 ···························· 236

第三部分　在海外领地及马约尔属地的适用

第八卷　在瓦利斯群岛和富图纳群岛、法属南半球及南极
　　　　领地、新卡里多尼亚和马约尔属地的适用 ········ 243

　单编 ·· 243
　　单章 ······································ 243

法国知道产权法典(法律部分)条目索引 ············· 249

第一部分

文学和艺术产权

第一卷 著作权

第一编 著作权范围

第一章 著作权性质

L.111-1 条

（2006 年 8 月 1 日 2006-961 号法律）

智力作品的作者，仅仅基于其创作的事实，就该作品享有独占的及可对抗一切他人的无形所有权。

该权利包括本法典第一卷及第三卷规定的精神和智力方面的权利和财产方面的权利。

除本法典规定的特殊情形外，订有或订立劳务合同或雇佣合同，不影响智力作品的作者享有第一款规定的任何权利。除同样的特殊情形外，智力作品的作者为国家、地方行政部门、具有行政属性的公共部门、具有法人资格的独立行政管理部门或者法兰西银行的公务人员的，他们所享有的前述权利亦不受影响。

公务人员作者的作品，根据其身份或管理其职能的法规，无须上级部门事先审查即可发表的，不适用 L.121-7-1 条以及 L.131-3-1 条至 L.131-3-3 条的规定。

L.111-2 条

无须任何公开发表，仅仅基于作者构思的实现，即使非完全实现，作品创作即视为完成。

L.111-3 条

L.111-1 条规定的无形所有权与作品原件的财产所有权相独立。

作品原件取得人,除 L.123-4 条第二、三款规定的情形外,不因取得原件本身获得本法典规定的任何权利。这些权利只属作者及其权利继受人本人,但作者及其权利继受人不得要求原件所有人交出原件供其行使权利之用。但原件所有人明显滥用权利妨碍发表权的行使时,大审法院可根据 L.121-3 条的规定采取一切适当之措施。

L.111-4 条

在符合法国参加的国际公约规定的情况下,经咨询外交部后查明某国对在法国首次发表的作品,无论以何种方式未给予充分有效保护的,在该国首次发表的作品不得享有法国著作权立法之保护。

但作品的完整和身份不得受到任何损害。

在第一款规定的情况下,应向行政法规指定的公益机构支付著作权报酬。

L.111-5 条

在符合国际公约的情况下,外国人的国籍国或其住所、公司总部或真实营业所所在国的法律,给予法国人及在法国有住所或真实营业所之人创造的软件以保护的,该外国人可享受在法国本法典给予软件作者的权利。

第二章 受保护的作品

L.112-1 条

本法典的规定保护一切智力作品的著作权,而不问作品的体裁、表达形式、艺术价值或功能目的。

L.112－2条

(1994年5月10日94－361号法律)

尤其被视为本法典意义上的智力作品包括：

1) 文学、艺术及科学书籍、小册子及其他文字作品；

2) 报告、讲演、布道词、辩护词及其他同类作品；

3) 戏剧或戏剧音乐作品；

4) 以书面或其他方式固定其表演的舞蹈、马戏、哑剧；

5) 配词或不配词的音乐作曲；

6) 有声或无声的电影作品及其他由连续画面组成的作品，统称视听作品；

7) 绘画、油画、建筑、雕塑、雕刻、拓印作品；

8) 装帧及版式作品；

9) 摄影作品及借助与摄影相类似的技术完成的作品；

10) 实用艺术作品；

11) 插图、地图；

12) 与地理学、地形学、建筑学及科学有关的设计图、草图及立体作品；

13) 软件，包括软件开发设计过程中的有关文档；

14) 季节性服饰工业制品。由于时尚的要求，经常更新其产品外形的工业，尤其是服装业、裘皮业、内衣业、刺绣业、帽业、鞋业、手套业、皮革业，非常新颖或用于高档服装特别面料的生产，床上用品及靴的制作及家具布艺的制作，均视为季节性服饰工业。

L.112-3 条

（1996 年 12 月 18 日 96-1106 号法律）

（1998 年 7 月 1 日 98-536 号法律）

翻译、改编、改动或整理智力作品的作者，在不损害原作品著作权的情况下，享有本法典的保护。各种作品或数据的选集或汇编，如数据库的作者，因对材料的选取或编排构成智力创作的，享有同样之保护。

数据库是指以系统或有条理的方式编排的，并可由个人通过电子或任何其他手段访问的作品、数据或其他独立成分的汇编。

L.112-4 条

智力作品的标题具有创造性的，同作品本身一样受到保护。

即使一作品根据 L.123-1 条至 L.123-3 条已不再受保护，任何人均不得在可能引起混淆的情况下用其标题区别同类作品。

第三章　著作权人

L.113-1 条

如无相反证明，以其名义发表作品的人为作者。

L.113-2 条

合作作品是指多个自然人参与创作的作品。

混编作品是指含有已有作品但没有该作品作者合作的新作品。

集体作品是指由一自然人或法人发起并由该人编辑、出版及发表的作品，且参与创作的多个作者的个人贡献已融汇到该作品整体中，不可能就已完成的整体赋予他们中任何一人以单独的权利。

L.113-3 条

合作作品为合作作者的共同财产。

合作作者应协商行使其权利。

协商不成的,由民事法院判决执行。

合作作者的参与属不同种类的,在无相反约定时,只要不妨碍共同作品的使用,任一合作作者均可分别使用其个人贡献部分。

L.113-4 条

在不影响已有作品著作权的情况下,混编作品为完成该作品作者的财产。

L.113-5 条

如无相反证明,集体作品为以其名义发表作品的自然人或法人的财产。

该人被赋予著作权。

L.113-6 条

假名及匿名作品的作者对该作品享有 L.111-1 条所确立的权利。

作者未声明其民事身份和证实其作者名义的,作者的权利由最初的出版人或发表人代为行使。

前款所指的声明可以遗嘱为之;但他人可能在先取得的权利予以保留。

假名作者的真实身份已确定无疑的,不适用第二、三款的规定。

L.113-7 条

完成视听作品智力创作的一个或数个自然人为作者。

如无相反证明,以下所列被推定为合作完成视听作品的作者:

1) 剧本作者;
2) 改编作者;
3) 对白作者;
4) 专门为视听作品创作的配词或未配词的乐曲作者;
5) 导演。

视听作品源自仍受保护的已有作品或剧本的,原作作者视为新作者。

L. 113 – 8 条

从事广播作品智力创作的一个或数个自然人为作者。

L.113 – 7 条最后一款及 L.121 – 6 条的规定适用于广播作品。

L. 113 – 9 条

(1994 年 5 月 10 日 94 – 361 号法律)

如无相反的法律规定或约定,由一个或多个雇员在执行职务或按其雇主指示创作的软件及文档的财产权利,属于雇主并由其单独行使。

因执行本条产生的争议,由雇主公司所在地大审法院裁定。

本条第一款的规定亦适用于国家、地方公共机关及行政公共机构的人员。

L. 113 – 10 条

(2012 年 3 月 1 日 2012 – 287 号法律)

经仔细、确切以及严肃的查找,仍无法辨别或找到权利人的已发表并受到保护的作品,为孤儿作品。

拥有一个以上权利人的,且权利人之一已被辨别和找到的作品,不视为孤儿作品。

第二编 作者权利

第一章 精神权利

L.121-1 条

作者对自己的姓名、作者身份及作品享有受尊重的权利。

该权利系于作者人身。

该权利永远存在、不可剥夺且不因时效而丧失。

该权利因作者死亡可转移至其继承人。

第三人可依遗嘱的规定行使该权利。

L.121-2 条

仅作者有权发表其作品。在不影响 L.132-24 条规定的情况下,由作者确定发表的方式和条件。

作者死亡后,其遗著的发表权由作者指定的一个或数个遗嘱执行人终身行使。没有遗嘱执行人或遗嘱执行人死亡后,在作者无相反意愿的情况下,该权利依次由下列各人行使:子女、未受分居终局裁定或未再婚的配偶、子女以外的全部或部分接受遗产的继承人、总体受遗赠人或全部未来财产受赠人。

该权利甚至可在 L.123-1 条所定期限届满之后行使。

L.121-3 条

L.121-2 条中所指已故作者的代表人明显滥用或无故不行使发表权的,大审法院可采取一切适当之措施。代表人意见不一,或没有已知权利所有人,或无人继承或继承人放弃继承时亦同。

负责文化的部长尤其可以诉请法院采取措施。

L.121－4 条

尽管使用权已转让,甚至该转让作品已经出版,作者对受让人仍享有追悔或收回的权利。作者必须在事先赔偿因追悔或收回给受让人造成的损失后,才能行使该权利。在行使追悔或收回权利后,作者决定发表其作品的,必须优先将作品的使用权向最初选定的受让人以最初确定的条件报价。

L.121－5 条

导演或可能的合作作者同出品人共同协商达成最后定版的,视听作品即视为完成。

禁止销毁母版。

非经第一款中所指各人的同意,不得增删改动该版任一部分。

将视听作品转移到其他载体上以供其他方式使用,须事先咨询导演的意见。

L.121－1 条规定的作者权利,只有在视听作品完成之后才可以行使。

L.121－6 条

作者拒绝完成或因不可抗力不能完成视听作品的,不得反对为完成该作品使用其已完成的部分。他因这部分贡献具有作者身份,并享有相应权利。

L.121－7 条

(1994 年 5 月 10 日 94－361 号法律)

除非有更有利于软件作者的约定,软件作者不得:

1）反对由 L.122-6 条 2）所述权利受让人在不损害其荣誉和声誉的情况下修改软件；

2）行使追悔或收回权。

L.121-7-1 条

（2006 年 8 月 1 日 2006-961 号法律）

在行使对履行职务或者依接收指令创作作品的发表权时，L.111-1 条第三款所指公务人员应尊重管理公务人员身份的法规，以及雇用他的公共法人的组织、运行及业务管理法规。

公务人员不得：

1）妨碍上级主管部门为了公务利益修改其作品，除非该修改有损其荣誉或声誉；

2）行使追悔与收回权，除非征得上级主管部门的同意。

L.121-8 条

（2009 年 6 月 12 日 2009-669 号法律）

仅作者有权将其文章和讲话结集出版，或许可他人以此种方式出版。

如无相反约定，对其发表在 L.132-35 条所指报刊上的作品，作者保留以各种形式许可复制及使用的权利，但根据第一卷第三编第二章第六节的规定已经转让的权利除外。

无论何种情况，作者行使其权利需以该复制或使用不致与该报刊竞争为前提。

L.121-9 条

无论适用何种婚姻制度，发表作品、确立作品使用条件及维护作品完整的权利，属于配偶中的作者方或权利转移至的另一方，婚约中一切相反条款均归无效。该权利不可归入陪嫁财产、婚姻共同财产及婚姻存续期间收入共同财产。

只有在婚姻存续期间,因智力作品的使用或使用权的全部或部分转让而产生的财产收益,才由婚姻制度的一般法律规定调整;因财产收益产生的节余亦同。

1958年3月12日前结婚者不适用前款规定。

关于配偶为家务所作贡献的法律规定,适用于本条第二款所指的财产收益。

第二章　财产权利

L.122-1条

属于作者的使用权包括表演权和复制权。

L.122-2条

表演是指通过某种方式尤其是下列方式将作品向公众传播:

1) 公开朗诵、音乐演奏、戏剧表演、公开演出、公开放映及在公共场所转播远程传送的作品;

2) 远程传送。

远程传送是指通过电信传播的一切方式,传送各种声音、图像、资料、数据及信息。

向卫星发送作品视为表演。

L.122-2-1条

(1997年3月27日97-283号法律)

通过卫星远程传送的作品,如从本土向卫星发送,其表演权由本法典的规定调整。

L.122 – 2 – 2 条

（1997 年 3 月 27 日 97 – 283 号法律）

从不能提供与本法典确保的著作权保护水平相当的非欧洲共同体成员国的领土向卫星发送的远程传送作品的表演权，如有下列情况之一，亦由本法典之规定调整：

1）从法国本土的站点同卫星进行的上行发送。在此情况下，可对站点经营者行使本法典规定的权利；

2）虽然未从欧洲共同体成员国领土的站点同卫星进行上行发送，但发送是应在本土有主要营业所的视听传播企业的要求，并为其利益或在其控制之下进行。在此情况下，可对该视听传播企业行使本法典规定的权利。

L.122 – 3 条

复制是指以一切方式将作品固定在物质上以便间接向公众传播。

复制尤其可以通过下列方式进行：印刷、绘画、雕刻、照相、制模及一切平面和立体艺术的手段、机械、电影或磁性录制。

就建筑作品而言，重复实施一份设计图纸或施工模型也构成复制。

L.122 – 3 – 1 条

（2006 年 8 月 1 日 2006 – 961 号法律）

作品的一件或数件实物，经作者或其权利继受人允许，一旦在欧洲共同体或欧洲经济区协定成员国初次出售，作品的这些实物在欧洲共同体和欧洲经济区协定成员国内的销售将不再被禁止。

L.122 – 4 条

未经作者或其权利所有人或权利继受人的同意，进行全部或部分的表演或复制均属非法。通过任何技术和手段的翻译、改编、改动、整理或复制亦属非法。

L. 122 – 5 条

（1994 年 5 月 10 日 94 – 361 号法律）
（1997 年 3 月 27 日 97 – 283 号法律）
（1998 年 7 月 1 日 98 – 536 号法律）
（2000 年 7 月 10 日 2000 – 642 号法律）
（2006 年 8 月 1 日 2006 – 961 号法律）
（2009 年 6 月 12 日 2009 – 669 号法律）
（2011 年 12 月 20 日 2011 – 1898 号法律）

作品发表后，作者不得禁止：

1）仅在家庭范围内进行的私人和免费的表演。

2）完全只供复制者私人使用而非集体使用的、在合法来源上实现的拷贝或复制，但不包括与原作品创作目的相同的艺术品拷贝，也不包括依 L.122 – 6 – 1 条 II 规定条件制作的备份拷贝之外的软件拷贝及电子数据库的拷贝和复制件。

3）在明确指出作者姓名和出处的情况下：

a）由使用引文的作品的评论、论战、教育、科学或情报性质所决定的分析及简短引用；

b）报刊提要；

c）作为新闻报道，通过报纸或远程传送，对在政治、行政、司法或学术大会及政治性公共集会和官方庆典上面向公众发表的讲话，进行播放甚至全文播放；

d）在法国进行的司法出售前仅为描述参卖艺术品，由公务或司法助理人员在法国进行的公开拍卖名册中，为公众之需在样册中收列平面或立体艺术作品全部或部分复制品；

e) 对作品摘要的表演或复制,这些表演或复制仅用于教研中的说明,而不能用于任何游戏或娱乐目的,不包括为教育目的而构思的作品、乐谱和将作品数字化出版而产生的作品,受众也主要是直接相关的大中小学生、教研人员,且对这些表演或复制的使用不得涉及任何商业经营,其酬劳在不侵犯 L.122-10 条规定的静电复制权的转让的前提下,经磋商定额确定。

4) 不违反有关规定的滑稽模仿、讽刺模仿及漫画。

5) 按合同规定的使用需要及限度进入电子数据库内容的必要行为。

6) 过渡性或附属性的临时复制,该复制必须是某个技术方案完整和基本的组成部分,该复制仅在于允许作品的合法使用或借助中介网络在第三人之间的传播;但该临时复制仅适用于软件和数据库以外的作品,且自身不得具有经济价值。

7) 法人和诸如图书馆、资料馆、文献中心以及多媒体文化空间对外开放机构的复制和表演,但仅限于患有一种或多种运动、身体、感觉器官、精神、认知或心理功能缺陷的人群对作品纯私人性质的查询,该特定人群的残疾等级需大于或等于行政法院法规确定的比值,并得到省级特殊教育委员会、职业定向及转型技术委员会或者家庭及社会行为法典 L.146-9 条规定的残疾人权利及自治委员会的承认,或者经由医疗证明书确诊为矫正视力障碍。本款规定的法人和机构,确保该复制和表演不以获利为目的,并严格遵守有关残疾等级的规定,其名单由行政机关确定。

第 7) 项第一目规定的法人和机构,在印刷作品依法交存 10 年内提出申请的,在 2006 年 8 月 4 日以前依法交存的作品出版的电子文档应交存国家书籍中心或由法规确定的机构。

国家书籍中心或由法规确定的机构,无限期保存作品出版的电子文档,并按照 2004 年 6 月 21 日 2004-575 号数字经济信任法第 4 条规定的开放标准,将电子文档提供给第 7) 项第一目规定的法人和机构使用。该中心或机构,确保文档保密和访问安全。

第7)项第一目规定的法人和机构,为同一目规定的自然人完成载体的设计、实现以及传播工作后,须销毁供其使用的电子文档。

8) 博物馆或档案馆,在不追求任何经济或商业利益的情况下,在其馆内或向公众开放的图书馆专用终端设备上,为保存或者保护个人用户的私人学习或研究查询状况而对作品进行的复制及表演。

9) 在明确指出作者姓名的前提下,通过平面、视听和在线媒体,仅以提供实时信息为目的并与实时信息紧密相关的,对平面、立体或建筑作品进行的全部或部分的复制或表演。

第9)项第一目不适用于自身即可提供信息的作品,尤其是摄影或插图作品。

尤其因为数量或格式原因,无法严格匹配实时信息目的或者不能与实时信息直接相连的复制或表演,需依据相关行业内现行的协议或费率,向作者支付酬劳。

本条所列例外情形不得影响作品的正常使用,亦不得不当损害作者的正当权益。

本条的实施细则,尤其是3)项 d 目规定的资料的特征及发行条件,第7)项规定的行政机关,以及第7)项第三目规定的交存机构的制定条件和数字文档的开放条件,由行政法院的法规确定。

L.122 – 6 条

(1994 年 5 月 10 日 94 – 361 号法律)

在不影响 L.122 – 6 – 1 条的规定的情况下,属于软件作者的使用权包括实施和许可实施下列行为的权利:

1) 以任何手段及以任何形式,全部或部分地对软件永久或暂时的复制。非经作者许可,不得实施必然导致复制的软件的安装、显示、运行、传送或存储;

2) 软件的翻译、改编、整理或任何其他形式的改动及由此产生软件的复制；

3）以任何方式，包括出租，将软件的一个或数个复制品有偿或无偿投放市场。但作者或经其同意将软件的一个复制品，在欧洲共同体国家或欧洲经济区协定成员国首次出售后，除许可进一步出租该复制品的权利外，该复制品在所有成员国的投放市场权即告穷竭。

L.122－6－1 条

（1994 年 5 月 10 日 94－361 号法律）

I. L.122－6 条 1）和 2）所列行为，包括修正错误，如系软件合法使用人按其用途使用该软件所必须，则无须征得作者许可。

但作者可以通过合同保留修正错误的权利及确定软件合法使用人按软件用途使用软件所必须进行 L.122－6 条 1）和 2）所列行为应符合的条件的权利。

II. 软件合法使用人在存档所必须时，可备份拷贝。

III. 软件合法使用人在合法实施软件的安装、显示、运行、传送或存储时，为确定软件任一部分的基础思想及原则，无须征得作者许可即可观察、研究或测试软件的运行。

IV. 在符合下列条件时，如为获取一独立创作软件与其他软件兼容所必要的信息，必须进行 L.122－6 条 1）或 2）意义上的复制或翻译，则不必征得作者的许可，即可复制该软件编码及翻译其形式：

1）由软件合法使用人或因此目的而为其工作的其他人实施；

2）1）中所述之人不能方便快捷地获得兼容性所必要的信息；

3）上述行为仅限于起源软件中必需兼容的部分。

因此获得的信息：

1）不得用于实现独立创作软件的兼容性以外的目的；

2）如非独立创作软件的兼容性所必需，不得告知第三人；

3）不得用于调试、生产或销售表达本质类似的软件，或用于任何其他有损著作权的行为。

Ⅴ. 本条不得解释为允许损害软件的正常使用，或导致对作者正当权益的不当损失。

一切与本条 Ⅱ、Ⅲ 及 Ⅳ 规定相反的约定无效。

L. 122 – 6 – 2 条

（1994 年 5 月 10 日 94 – 361 号法律）

一切有关消除或抵消软件保护技术的装置的广告或使用说明书应当指出，非法使用这些装置将依侵权规定的处罚追究责任。

行政法院的法规确定本条的实施条件。

L. 122 – 7 条

表演权及复制权可有偿或无偿转让。

表演权的转让不包括复制权的转让。

复制权的转让不包括表演权的转让。

如合同包括本条所指的两种权利之一的全部转让时，其范围以合同中规定的使用方式为限。

L. 122 – 7 – 1 条

（2006 年 8 月 1 日 2006 – 961 号法律）

作者可将其作品供公众免费使用，只要不侵犯可能的合著者以及第三人的权利，并遵守其已签订的合约。

L. 122 – 8 条

（2006 年 8 月 1 日 2006 – 961 号法律）

尽管作品原件已经由作者或其权利继受人转让，如果艺术品市场的专业人员以卖方、买方或者中介身份介入，平面及立体作品原件的欧洲共同体成员国或欧洲经济区成员国公民作者,享有追续权,即对任何转售该作品所得收益有不可剥夺的分享权。作为例外,如果转售者直接从作者处购得作品,在3年内转售,且价格不超过1万欧元,前述权利则不适用。

本条的作品原件是指,由艺术家亲自创作的作品,以及由艺术家亲自或在其指导下完成的限量版作品。

追续权由转售者履行。付款的责任归于参与转售的专业人员,如果转售行为在两个专业人员间进行,则归于转售者。

第一款提及的艺术品市场专业人员,需向作者或追续权收取及分配协会,提交为清算自转售之日起3年内的追续权应付款项所必需的所有信息。

如果其所在国法律承认并保护欧洲共同体成员国或欧洲经济区成员国公民作者及权利继受人的追续权,非欧洲共同体成员国或欧洲经济区成员国公民作者及权利所有者受本条保护。

本条的实施细则,尤其是追续权的金额和征收计算模式,以及征收追续权的起点销售价格,由行政法院法规确定。非欧洲共同体成员国或欧洲经济区成员国公民作者,在法国拥有常住地,并参与法国艺术活动至少5年以上,可以申请享受本条保护,其细则亦由行政法院法规确定。

L. 122 – 9 条

L.121 – 2条中所指已故作者的代表人明显滥用或无故不行使使用权的,大审法院可采取一切适当措施。代表人意见不一,或没有已知权利所有人,或无人继承或继承人放弃继承时亦同。

负责文化的部长尤其可以诉请法院采取措施。

L. 122 – 10 条

(1995年1月3日95 – 4号法律)

作品发表后,其静电复制权即转让给第三卷第二编规定的并由负责文化的部长为此审批的协会。只有这些协会为管理如此转让的权利可以同使用者签订一切合同,在作者或其权利继受人的同意下,可签订许可供销售、出租、广告或促销用的拷贝的条款。如作者或其权利继受人在作品发表之日未加确定,这些批准的协会之一即被视为该权利的受让人。

静电复制是指以照相技术或能允许直接阅读的相当技术,在纸质或类似载体上复制拷贝。

第一款的规定不影响作者或其权利继受人为销售、出租、广告或促销制作拷贝。

即使有相反约定且不论何时出版,本条适用于受保护的一切作品。

L.122-11 条

(1995年1月3日95-4号法律)

在L.131-4条1)至3)规定的情况下,L.122-10条第一款所提到的合同报酬可采取一次付清的形式。

L.122-12 条

(1995年1月3日95-4号法律)

颁发L.122-10条第一款中提到的协会审批时应考虑如下因素:

——会员多样性;

——管理人的职业资质;

——为确保管理静电复制权而拟投入的人员和物质手段;

——所收款项分配方式的公正性。

行政法院的法规确定授予和撤销该审批以及依L.122-10条第一款最后一句选择受让协会的具体方式。

第三章 保护期限

L.123-1 条

（1997 年 3 月 27 日 97-283 号法律）

作者对其作品终身享有一切形式的独占使用权及获得报酬权。

作者死亡后，该权利由其权利继受人在当年及其后 70 年内享有。

L.123-2 条

（1997 年 3 月 27 日 97-283 号法律）

合作作品的起算年份，为最后一个合作作者去世之年。

视听作品的起算年份，以下列各个合作作者中最后去世的当年为准：剧本作者、对白作者、专门为该作品创作的配词或未配词的乐曲作者、主要导演。

L.123-3 条

（1997 年 3 月 27 日 97-283 号法律）

假名、匿名或集体作品的独占权保护期为作品发表之次年 1 月 1 日起 70 年。发表日可以一般法律规定的任何证据方式，尤其可通过依法缴送的样本确定。

假名、匿名或集体作品如果分期发表，期限起算的时间为每一部分发表的次年 1 月 1 日。

匿名或假名作品的一个或数个作者为人所知的，其独占权保护期限为 L.123-1 条或 L.123-2 条款所规定的期限。

第一、二款的规定仅适用于创作后 70 年内发表的假名、匿名或集体作品。

但假名、匿名或集体作品如在前款所述期限期满后披露，因继承或其他名义而成为作品的所有人,出版或请人出版该作品的,自出版之次年1月1日起25年内,可享有独占权。

L.123-4 条

(1997年3月27日97-283号法律)

遗著独占权的保护期为L.123-1条所规定的期限。超过该期限发表的遗著的独占权保护期,为出版之次年1月1日起25年。

作品在L.123-1条所规定的期间内发表的,遗著的使用权属作者的权利继受人。

作品在该期限届满后披露的,应由因继承或其他名义成为作品所有人出版或请人出版。

遗著应独立发表,除非其构成已发表作品的一部分。只有在作者的权利继受人对已发表作品还拥有独占权时,遗著才可与同一作者的其他作品一同出版。

L.123-5 条

(1994年5月10日94-361号法律)

(已废止)

L.123-6 条

(2001年12月3日2001-1135号法律)

(2006年6月23日2006-728号法律)

在L.123-1条规定期间内,未受分居终局判决的在世配偶,无论订有何种婚约,并在其依民法典第756条至757-3条和第764条至766条就其他遗产所享有的权利之外,可就作者尚未处分的使用权享有用益权。但作者指定有后备继承人的,该用益权应依民法典第913条所确定的比例和区别扣减给此人。

该用益权于配偶再婚时丧失。

L.123-7 条

(1997年3月27日97-283号法律)

作者死亡后的当年及其后70年,除去任何受遗赠人及权利继受人,L.122-8条所指追续权由其继承人享有,L.123-6条规定的用益权由配偶享有。

L.123-8 条

1866年7月14日关于作者继承人和权利继受人权利的法律赋予作者、作曲者或艺术家的继承人及其他权利继受人的权利,延长一段与1914年8月2日至和平条约签订之日后的年末等长时间的保护。延长保护适用于一切在上述期间终止之日前出版,并在1919年2月3日尚未进入公有领域的作品。

L.123-9 条

上述1866年7月14日法律及L.123-8条赋予作者、作曲者或艺术家的继承人及其他权利继受人的权利,延长一段与1939年9月3日至1948年1月1日等长时间的保护。延长保护适用于一切在1948年1月1日前出版,并在1941年8月13日尚未进入公有领域的作品。

L.123-10 条

作者、作曲者或艺术家根据死亡证明系为法国捐躯的,前条所指权利可再延长30年。

不能在法国开立或登录死亡证明的,负责文化的部长可作出决定,由捐躯者的继承人及其他权利继受人享有30年的追加保护;只有在征询1945年11月2日45-2717号法令第1条所指机关的意见后,如在法国开立死亡证明时会注明"为法国捐躯",才可以作出该决定。

L.123-11 条

因 L.123-10 条而得以延长的权利已有偿转让的,转让人或其权利继受人在 1951 年 9 月 25 日起 3 年内,可要求受让人或其权利继受人修改转让条件,以补偿延长保护期所生利益。

L.123-12 条

(1997 年 3 月 27 日 97-283 号法律)

伯尔尼公约巴黎文本意义上的来源国是欧洲共同体以外的国家,且作者非欧洲共同体成员国国民的,作品保护期为来源国规定的保护期,且最长不得超过 L.123-1 条所规定的期限。

第三编　权利的使用

第一章　通则

L.131-1 条

全部转让未来作品无效。

L.131-2 条

本编规定的表演、出版及视听制作合同应以书面为之。免费授权演奏合同亦然。

所有其他情况适用民法典第 1341 条至 1348 条的规定。

L.131-3 条

著作权转让的条件为,每一权利的转让均应在转让合同中分别指明,并明确转让权利的使用范围、目的、地域及期限。

在特殊情况的要求下,且转让权利的使用范围已按照本条第一款的要求予以明确的,可通过交换电报缔结有效的转让合同。

转让视听改编权合同应以书面签订,该合同应与专门的印刷作品出版合同分别订立。

转让受益人按照该合同,应承诺依行业惯例开发使用转让的权利,并在转让改编权的情况下,承诺向作者支付与收益成比例的报酬。

L.131-3-1条

(2006年8月1日2006-961号法律)

为执行公共事务而必须时,国家公务人员在履行职务中或根据指令完成的作品的使用权,自作品完成之日起自动转让给国家。

针对第一款所提的作品的商业使用,国家仅对公务人员作者享有优先权。具有科学技术性质的公共部门或科学、文化和行业性质的公共部门的科研工作,如果成为与私法法人签订的合同标的,则不适用该规定。

L.131-3-2条

(2006年8月1日2006-961号法律)

L.131-3-1条的规定适用于地方行政部门、具有行政属性的公共部门、具有法人人格的独立行政管理部门以及法兰西银行的公务人员在履行职务中或根据指令完成的作品。

L.131-3-3条

(2006年8月1日2006-961号法律)

L.131-3-1条和L.131-3-2条的实施细则由行政法院法规确定。当雇用公务人员作者的公共法人,即作品使用权受让人,在该作品的非商业使用中或者在L.131-3-1条最后一款最后一段所述的商业使用中获取利益时,该法规尤其要界定作品的公务员作者参与分享该使用所获收益的条件。

L.131-4 条

(1994 年 5 月 10 日 94-361 号法律)

作者可全部或部分转让作品的权利。转让应使作者有权按比例分享出售或使用所得收益。

但在下列情况下,作者的报酬可采取一次付清的方式:

1) 在实际中不能确定按比例转让的计算基数;
2) 缺乏监督按比例提成的手段;
3) 计算及监督工作的费用与要达到的结果不相称;
4) 由于作者的贡献不构成智力创作的核心部分,或者由于作品只是被附带使用,使用的性质或条件致使不可能适用按比例提成的报酬方式;
5) 转让软件权利;
6) 本法典规定的其他情形。

应作者要求,在合同当事人之间将现有合同所生利益,转换为一定时期内的双方当事人间的固定年金亦属合法。

L.131-5 条

作者转让使用权时如因侵害或对作品收益估计不足,以致遭受十二分之七以上的损失,可要求修改合同的价格条件。

只有在作品采用一次付清的方式才能提出上述要求。

计算侵害时,应考虑到声称受害的作者的作品受让人的总体经营状况。

L.131-6 条

在签订合同时,以不确定或未确定方式使用作品权利的,转让条款必须明示并约定对使用所得相应的提成。

L.131 – 7 条

在部分转让时,权利受让人依合同规定的条件、限制及期限代替作者行使已转让的权利并负责报告账目。

L.131 – 8 条

(2006 年 3 月 23 日 2006 – 346 号法令)

为获得因转让、经营或使用本法典 L.112 – 2 条规定的作品最近 3 年欠付的报酬及收益,作者、作曲者及艺术家可享有民法典第 2331 条 4)及第 2375 条所规定的优先权。

L.131 – 9 条

(2006 年 8 月 1 日 2006 – 961 号法律)

(2009 年 6 月 12 日 2009 – 669 号法律)

合同应提到制作者运用 L.331 – 5 条规定的技术措施以及使用 L.331 – 11 条规定的电子信息的权利,同时需明确每种使用模式的目的,并明确制作者可以获取所述技术措施的实质特征或者制作者为确保作品的使用而实际使用的电子信息的条件。

第二章 某些合同的特别规定

第一节 出版合同

L.132 – 1 条

出版合同是指智力作品的作者或其权利继受人,以一定条件向被称为出版人的人转让制作或请人制作一定数量作品复制品的权利,并由出版人负责出版和发行的合同。

L.132-2 条

所谓作者付费合同不构成 L.132-1 条意义上的出版合同。

依照该合同,作者或其权利继受人向出版人支付商定的报酬,由出版人按合同中确定的形式和表现方式制作一定数量作品的复制品,并负责出版和发行。

该合同构成由契约、习惯及民法典第 1787 条及以后各条调整的提供劳务合同。

L.132-3 条

所谓分担费用合同不构成 L.132-1 条意义上的出版合同。

依照该合同,作者或其权利继受人委托出版人出资按合同中确定的形式和表现方式制作一定数量的作品的复制品,并由出版人负责出版和发行,同时双方按约定规定比例分担经营的盈亏。

该合同构成隐名合伙。在不影响民法典第 1871 条及以后各条的规定的情况下,由契约及习惯调整之。

L.132-4 条

作者承诺授予出版人优先出版明确限定体裁的未来作品的约定为合法。

该权利就每一体裁,以第一部作品的出版合同签订之日起 5 部新作品或该日起作者 5 年内的全部作品为限。

出版人在行使被赋予的该项权利时,应在作者将每一作品定稿交付之日起 3 个月内,向作者告知其决定。

如享有优先权的出版人连续拒绝作者按合同规定体裁提交的两部新作,作者立即并自动获得支配其同种体裁的未来作品的自由。但作者在对未来作品收有第一个出版人预付金的情况下,应先行返还。

L. 132 – 5 条

(2011 年 5 月 26 日 2011 – 590 号法律)

合同可规定对经营所得按比例提成,或在 L. 131 – 4 条及 L. 132 – 6 条的情况下规定一次付清的方式。

向市场投放或者传播电子书籍的,出版合同确保作者从该书的经营中获取公平合理的报酬。出版人应以明示和透明的方式向作者阐释该报酬的计算。

L. 132 – 6 条

对于书店出版的图书,经作者明确表示同意,作者报酬在下列情况下在初版时可采取一次付清的方式:

1) 科学或技术著作;

2) 选集及百科全书;

3) 序言、注释、引言、介绍;

4) 著作插图;

5) 限量豪华本;

6) 祈祷用书;

7) 应译者要求的译作;

8) 廉价大众出版物;

9) 廉价儿童画册。

向或由居于国外的人或企业转让,亦可采取一次付清的方式。

与新闻企业订有雇佣或劳务合同的作者,对各种通过通讯社发表在报纸及期刊上的智力作品的报酬也可一次付清。

L.132-7条

必须取得作者本人及书面的同意。

在不妨碍调整由未成年人及受监护的成年人签订书面合同的规定的情况下,即使作者不具备民事行为能力,亦须得到其同意,因身体状况不能表达者除外。

出版合同系作者的权利继受人签署时前款规定不适用。

L.132-8条

作者应确保出版人不受干扰地,同时除有相反约定,专有地行使权利。

作者应使该权利得到尊重,并在遭到可能出现的侵害时维护该权利。

L.132-9条

作者应使出版人可能制作和发行作品的复制品。

作者应在约定期限内,将可供正常制作的出版标的交付出版人。

除有相反约定或技术上的不可能,由作者提交的出版标的所有权仍归作者。在制作完成的1年内,出版人须为此负责。

L.132-10条

出版合同应规定初印的最低印数。但该义务不适用于出版人付给作者最低报酬的合同。

L.132-11条

出版人应按合同规定的条件、形式及表达方式制作或请人制作。

非经作者书面授权,出版人不得对作品做任何修改。

除有相反约定,出版人应在每一份复制品上标明作者的姓名、假名或标记。

如无特别约定，出版人应在行业习惯所定期限内完成出版。

如果是定期合同，到期无须催告受让人的权利即自动失灭。

但出版人可在期满后3年内以正常价格销售存货，除非作者愿以协商价格或协商不成时以专家定价购买这些存货。给予出版人的这一权利不得禁止作者在30个月后出新版。

L.132-12条

出版人应按行业惯例，确保对作品持续不断的使用及商业发行。

L.132-13条

出版人应报告账目。

合同中如无特别约定的方式，作者可要求出版人每年至少报告一次该会计年度中制作复制品的数量，并指明每次印刷的时间和数量以及库存数量。

除有相反惯例或约定，该报告还应指明已销售复制品的数量，因意外事件或不可抗力造成的不能使用或毁坏的数量，以及应付或已付作者的报酬数目。

L.132-14条

出版人应向作者提交用于证明其账目真实无误的所有证据。

出版人未能提供必要证据的，法官可强令为之。

L.132-15条

（2005年7月26日2005-845号法律）

出版人进入司法保护或破产管理程序不导致合同的撤销。

按照商法典L.621-22条及以后各条继续营业的，出版人对作者所负义务应该得到遵守。

按照上述商法典 L.621-83 条及以后各条停止出版企业的,受让该企业之人应承担转让人的义务。

企业已停业 3 个月以上或宣告司法清算的,作者可要求撤销合同。

只有以带回执要求的挂号信告知作者 15 天后,清算人才可以依上述商法典 L.622-17 条及 L.622-18 条规定的条件,削价出售已制作的存货及兑现债权。

作者对全部或部分复制品拥有先买权。协商不成的,价格由专家确定。

L.132-16 条

事先未获作者授权的,出版人不得独立于营业资产有偿或无偿,或通过投资入股,将出版合同的权益转让给第三人。

营业资产的转让严重损害作者的物质或精神利益的,作者可要求赔偿甚至撤销合同。

出版企业之营业资产系合伙经营或属于共有财产的,在任何情况下清算或分立时将资产分给前合伙人或前共有人均不得视为转让。

L.132-17 条

除一般法律规定或前述各条规定的情况外,出版人开始全部销毁复制品的,出版合同即行终止。

在作者催告中给予的合理期限内,出版人不开始出版的或在脱销后不进行再版的,出版合同自动撤销。

两次送交出版人的交货订单在 3 个月内未被满足的,即视为脱销。

除非出版人与作者的权利继受人另有商议,作者死亡后,作品尚未完成的,出版合同就未完成部分撤销。

第二节　表演合同

L.132-18 条

表演合同即智力作品的作者及其权利继受人,授权一个自然人或法人以其确实的条件表演该作品的合同。所谓表演总合同是指作者职业机构授予演出经营者在合同有效期内,表演现有或未来作品的权利。这些作品按作者或其权利继承人确立的条件,构成该机构的保留剧目。

在适用前款规定的情况下,可以不适用 L.131-1 条的规定。

L.132-19 条

表演合同以一定期间或向公众传播一定次数为限。

除非特别约定独占权,表演合同不授予演出经营者任何垄断经营权。

戏剧作者授予的独占权的有效期不得超过 5 年;如连续 2 年中断演出,独占权自动终止。

非经作者或其权利继受人正式及书面同意,演出经营者不得转移合同权益。

L.132-20 条

(2006 年 8 月 1 日 2006-961 号法律)

除有相反约定:

1) 许可以无线电波远程传送作品,不包括通过有线方式传送作品,除非由受益机构同步及完整进行并不得超出商定的地理区域;

2) 许可远程传送作品,不包括许可在公共场所传播远距传送的作品;

3) 许可以无线电波远程传送作品,不包括向卫星发送以致通过第三方机构可接收该作品,除非作者或其权利继受人在合同中许可这些机构向公众传播作品；在这种情况下，发送机构免交一切报酬；

4) 许可以无线电波远程传送作品，则包括出于非商业目的或者仅为允许建筑物或居住用建筑群的每间住宅与区域内能够正常接收的无线电波公共接收装置连接，而将该作品发送到由所有人、共有人或其代理人安装在建筑物或者居住用建筑群的内网。

L.132-20-1 条

（1997 年 3 月 27 日 97-283 号法律）

I. 自 1997 年 3 月 27 日 97-283 号法律生效之日起，对自欧洲共同体成员国远距传送的作品进行有线、同步、完整及不加改动的转播的权利，由报酬收取及分配协会行使。该协会受第三卷第二编调整的，应得到负责文化的部长的特别许可证。

权利人没有委托这些协会之一管理的，应指定一协会代为行使权利。权利人将该指定书面通知此协会，协会不得拒绝。

授权在本土远距传播作品的合同，应指明负责行使许可在欧共体成员国进行同步、完整、不加改动的转播权的协会。

发放第一款中的许可证应考虑：

1) 协会管理层的职业资格及该协会为确保收取第一款所指报酬和管理保留节目的实施手段；

2) 其保留剧目的多少；

3) 他们对第三卷第二编规定义务的遵守。

行政法院的法规规定许可证发放和收回的条件。同时确定在第二款规定情况下，指定负责行使转播权的协会的方式。

II. 权利人也可以将权利转让给视听传播企业而不必执行本条 I。本条 I 的规定不适用于视听传播企业受让的权利。

L.132-20-2 条

（1997 年 3 月 27 日 97-283 号法律）

在不影响有关各方诉权的情况下，设立调解员以便于解决因有线、同步、完整、不加改动转播权的许可产生的纠纷。

不能协商解决的，调解员可向各方建议其认为合适的解决方案。该方案 3 个月内如无书面反对即视为被接受。

行政法院的法规规定本条的执行条件及指定调解员的方式。

L.132-21 条

演出经营者须向作者或其代表人通报公开表演或演奏的准确节目，并向他们报告经核实的账目。他应当在规定的期限同作者或其代表人结清约定的报酬总额。

但城镇在组织地方及公众节日时，或经行政机关认可的全民教育机构在其活动范围内组织的集会时，其应付报酬应享受一定的扣减。

L.132-22 条

演出经营者应在能保证作者精神及智力权利得到尊重的技术条件下，进行表演或演奏。

第三节　视听作品制作合同

L.132-23 条

视听作品的制作者是发起并负责制作作品的自然人或法人。

L.132-24 条

在无相反的约定及不影响 L.111-3 条、L.121-4 条、L.121-5 条、

L.122-1条至122-7条、L.123-7条、L.131-2条至L.131-7条、L.132-4条及L.132-7条赋予作者权利的情况下,制作者同配词或未配词的作曲者之外的视听作品作者签订合同,即导致视听作品独占使用权转让给制作者。

视听作品制作合同不暗示将作品平面及舞台权利转让给制作者。

该合同应规定用以完成作品时所保留的内容,以及保留这些内容的条件。

L.132-25条

(2006年8月1日2006-961号法律)

作者报酬按每一使用方式付给。

在不影响L.131-4条规定的情况下,观众为收看特定单独的视听作品需支付价金的报酬,应从此价金中按比例提取,但应考虑发行人给经营者票价可能递减的因素;报酬由制作者付给作者。

通过文化部决议,作者行业组织或者第三卷第二编提及的权利收取及分配协会与行业代表协会之间签订的有关作者报酬的协议,可强制性地适用于整个行业的相关人员。

L.132-26条

作者保证制作者不受干扰地行使受让的权利。

L.132-27条

(2009年6月12日2009-669号法律)

制作者应保证按行业惯例使用视听作品。

制作者代表协会、作者行业组织以及第三卷第二编提及的权利收取及分配协会,可共同创办行业惯例汇编。

L.132-28 条

制作者每年应向作者及合作作者至少提交一次作品每一使用形式的收入报告。

应作者及合作作者的要求,制作者应向他们提供能证明账目精确的一切证据,尤其是他将其拥有的权利的全部或一部分转让给第三方的合同副本。

L.132-29 条

除有相反约定,视听作品的每一个作者,可自由处置构成其个人贡献的那部分作品以使用在其他体裁上,但不得超出 L.113-3 条所定的限制。

L.132-30 条

(2005 年 7 月 26 日 2005-845 号法律)

制作者进入司法保护或破产管理程序,不导致视听作品制作合同的撤销。

按照商法典 L.621-22 条及以后各条继续制作或使用作品的,管理者需承接制作者所负的全部义务,尤其是对合作作者的义务。

在企业的全部或各部分转让或清算时,按情况管理者、债务人、清算人将可以转让或拍卖的每一视听作品分别立项。他应以挂号信在决定转让或清算程序之前 1 个月,通知作品的作者及合作制作者,否则无效。受让人继续承担转让人的义务。

除非合作制作者愿意成为受让人,作者及合作作者对作品享有先买权。协商不成的,由专家确定购价。

企业停业 3 个月以上或宣布清算的,作者及合作作者可要求撤销视听作品制作合同。

第四节　广告制作委托合同

L.132-31 条

如无相反条款,就用于广告的委托作品而言,如合同尤其已按照作品地域、使用时间长短、印数及载体性质的每一个使用方式明确了报酬,合同导致作品的使用权转让给广告制作者。

由代表作者的组织和代表广告制作者的组织达成的协议,确定与作品的不同使用方式相应的报酬基本组成成分。

协议有效期为1至5年。

其规定可由行政法规强制适用于全部有关各方。

L.132-32 条

(2011年5月17日 2011-525号法律)

(已废止)

L.132-33 条

(2011年5月17日 2011-525号法律)

(已废止)

第五节　软件使用权质押合同

L.132-34 条

(1994年5月10日 94-361号法律)

在不妨碍1909年3月17日关于营业资产出售和质押法律规定的情况下,L.122-6条定义的软件作者的使用权可依下列条件设立质押:

质押合同应采用书面形式,否则无效。

质押应登记在国家工业产权局特别设置的注册簿上，否则不得对抗第三人。登记应指明担保标的，尤其是源代码及操作文档。

登记顺序依要求的次序确定。

质押登记非经事先续展，5年期满后失效。

行政法院法规确定本条的实施条件。

第六节 记者作品的使用权

L.132-35条

（2009年6月12日2009-669号法律）

本节中的新闻报刊是指职业记者参与制作的新闻刊物以及所有的刊物变化形式，无论其采用何种载体，以何种方式传播和查询。1986年9月30日关于传播自由的86-1067号法第2条规定的视听传播服务除外。

通过由第三人出版的在线对外传播服务或其他任何服务，发行新闻报刊的全部或部分内容，且该发行在发行内容所属的出版物总编的监督下完成或发行到发行内容摘录的新闻报刊专属空间中，视为在新闻报刊内的出版。

通过由新闻公司或其所属或控制的集团出版的在线对外传播服务，发行新闻报刊的全部或部分内容，并标注该新闻报刊名称的，同样视为在新闻报刊内的出版。

L.132-36条

（2009年6月12日2009-669号法律）

（2011年5月17日2011-525号法律）

作为L.131-1条的例外情况，并且在满足L.121-8条规定的情况下，劳动法典L.7111-3条及以后各条规定的、持续或偶尔参与新闻制作的职业记者或同类人员,与雇主间的协议,导致在无相反约定的前提下,且无论作品是否已出版,记者为完成新闻报刊而实现的作品的使用权排他性地向雇主转让。

L.132-37条

(2009年6月12日2009-669号法律)

记者作品,在本法典L.132-35条界定的新闻报刊内,在不同媒介上的使用,仅以公司协定或在公司协定缺失的情况下,以劳动法典L.222-1条及以后各条规定的任何其他集体协定来确定的时期内的工资为对价。

该时期的确定,尤其要考虑新闻报刊的周期性,以及其内容的性质。

L.132-38条

(2009年6月12日2009-669号法律)

(2011年5月17日2011-525号法律)

超出L.132-37条规定的时期,在新闻报刊内使用作品的报酬,依据公司协定或没有公司协定的依据任何其他集体协定,以补充报酬的名义,以著作权报酬或工资的形式支付。

L.132-39条

(2009年6月12日2009-669号法律)

(2011年5月17日2011-525号法律)

当出版公司或商法典L.233-16条规定的控制它的公司,出版多个新闻报刊时,公司协定可规定该公司或其所属集团的其他报刊对作品的传播,但前提条件是,这些报刊和原始报刊同属相关新闻类别。该协定界定相关新闻类别的概念或确定每个相关新闻报刊的名单。

在相关新闻类别中使用记者作品的,必须包含明确记者身份的标注,如协定有规定,还应包含明确作品原始发表的新闻报刊名称的标注。

在本法典 L.132-35 条界定的新闻报刊之外的使用的补充报酬,在本条第一款规定的公司协定确定的条件下,以著作权或工资的形式支付。

L.132-40 条

(2009 年 6 月 12 日 2009-669 号法律)

所有以在初始新闻报刊或相关新闻类别以外使用为目的的作品转让,需作者在单独协定或集体协定中事先明确同意,而且在第二种情况下,不得损害记者精神权利的行使。

使用报酬,在单独或集体协定确定的条件下,以著作权或工资的形式支付。

L.132-41 条

(2009 年 6 月 12 日 2009-669 号法律)

当固定图像作者是职业记者,其收取该作品使用收益的主要部分,并偶尔地参与新闻报刊的制作时,L.132-36 条有关使用权转让的规定,仅在该作品系由新闻公司定制时适用。

L.121-8 条第二款适用于根据本条第一款转让的作品的条件,由单独或集体协定确定。

L.132-42 条

(2009 年 6 月 12 日 2009-669 号法律)

L.132-38 条及以后各条规定的著作权报酬并无工资属性。其根据 L.131-4 条和 L.132-6 条确定。

L.132-42-1 条

(2012 年 3 月 22 日 2012-387 号法律)

作为劳动法典 L.2232-24 条的例外情况,在无该法典第二部分第三卷规定的组织选举义务的公司中,与新闻公司长期合作的、由本法典 L.132-44 条规定的一个或多个代表性职业记者工会协会委任的,一个或多个劳动法典 L.7111-3 条至 L.7111-5 条定义的职业记者,可以在劳动法典 L.2232-25 条和 L.2232-26 条规定的条件下,协商并达成本法典 L.132-37 条至 L.132-41 条、L.132-43 条和 L.132-44 条规定的协议。劳动法典 L.7111-3 条至 L.7111-5 条定义的、与新闻公司长期合作的职业记者,根据该法典 L.2232-27 条规定的条件,以多数投票核准这些协议。

L.132-43 条

(2009 年 6 月 12 日 2009-669 号法律)

集体协定可将 L.132-38 条及以后各条规定的权利委托一个或多个 L.321-1 条及以后各条规定的报酬收取及分配协会管理。

L.132-44 条

(2009 年 6 月 12 日 2009-669 号法律)
(2012 年 3 月 22 日 2012-387 号法律)

成立一个委员会,由政府代表任主席,成员半数为代表性新闻职业协会代表,半数为代表性职业记者工会协会代表。

政府代表,由负责传播的部长的法令,在最高法院、行政法院或审计法院成员中选定。

作为劳动法典 L.2232-21 条第一项和 L.2232-22 条的例外情况,委员会替代专业均等委员会,针对根据该法典 L.2232-21 条规定的条件达成的关于记者著作权的协议的有效性,在协议传达后2个月内,作出决定;未在时限内作出决定的,视为核准这些协议。委员会监督这些协议不违背现行法律、法规或者条约的规定。

自2009年6月12日关于促进网络作品的传播和保护2009-669号法律颁布之日起,6个月内无法达成公司协定的,且无任何可适用的集体协定时,任何公司协定谈判方,均可提请委员会确定使用权报酬的基准及支付方式。该请求还可依据L.132-39条,涉及集团内构成相关新闻类别的报刊的确定。

未开始谈判的,雇主和工会代表被视为公司协定谈判的谈判方。没有工会代表的,以下机构/人员可以提请委员会处理:

——员工代表机构;

——如无,劳动法典L.7111-3条定义的代表性职业记者工会协会委托的员工;

——如无,劳动法典L.7111-3条定义的、与新闻公司长期合作的职业记者。

对于到期的或被单方废止的固定期限公司协定,如不能在固定期限协定到期之日起6个月内达成新的公司协定,或不能在先前协定被废止后劳动法典L.2261-10条规定的时限内达成替代协议的,可在前款规定的相同条件下,提请委员会裁定相同的问题。

委员会与谈判方共同寻求折中方案,以便达成协定。为此,委员会主要以现存的与所涉报刊形式匹配的协定为依据。委员会自接到请求之日起2个月内作出裁定。

委员会根据出席成员的多数意见作出裁定。当票数相等时,主席拥有决定权。

如果在1个月内,主席不提请第二次审议,委员会裁定可予执行。裁定送达给当事人和负责传播的部长,并由部长进行公告。

委员会裁定不排斥相关新闻企业内进行新一轮集体谈判。该谈判形成的集体协定,根据劳动法典 L.2231－6 条的规定,由最勤勉的当事人向行政部门登记后,将替代委员会裁定。

行政法院的法规确定本条的实施细则,尤其是委员会的组成、启动及运行方式以及针对裁定的司法救济途径。

L.132－45 条

(2009 年 6 月 12 日 2009－669 号法律)

自确定收取固定图片使用收益的主要部分,并偶尔地参与某新闻报刊制作的职业记者的最低工资的部门协定生效之日起,L.132－41 条适用。该协定将考虑转让是否具有排他性。

自该日起 2 年内无法达成协定的,由法规明确最低工资的确定条件。

第三章　图书馆借阅报酬

L.133－1 条

(2003 年 6 月 18 日 2003－517 号法律)

当作品成为以书籍形式出版发行为目的的出版合同标的时,作者不能阻止向公共开放的图书馆向外借阅该版本的作品。

作者将根据 L.133－4 条规定的方式获取借阅报酬。

L.133－2 条

(2003 年 6 月 18 日 2003－517 号法律)

L.133－1 条规定的报酬,由一个或多个第三卷第二编规定的、并获得负责文化的部长认可的报酬收取及分配协会收取。

第一款所述认可的给予,将考虑:

——合伙人的多样性;

——管理人员的职业资格;

——公司为确保图书馆借阅报酬收取及分配而提出的办法；

——在合伙人及管理层中，作者和出版商合理的代表性。

行政法院法规确定给予及收回该认可的条件。

L.133 – 3 条

（2003 年 6 月 18 日 2003 – 517 号法律）

L.133 – 1 条规定的报酬由两部分组成。

第一部分，由政府负责，以对公众开放借阅的图书馆的定额注册费为基础，但学校图书馆除外。法规确定该注册费的数额，以及为计算该部分而确定注册用户数量的方式，高等教育机构图书馆之间的注册费数额可以有所差异。

第二部分，以 1981 年 8 月 10 日有关书籍价格的 81 – 766 号法律第 3 条第 3 款 2)规定的法人为其对公众开放借阅的图书馆所购书籍的税前对外销售价为基础；该部分由实现销售的供应商支付。该报酬的比率为对外销售价的 6%。

L.133 – 4 条

（2003 年 6 月 18 日 2003 – 517 号法律）

图书馆借阅报酬根据以下条件分配：

1) 第一部分，根据前述 1981 年 8 月 10 日有关书籍价格的 81 – 766 号法律第 3 条第 3 款 2)规定的法人为其对公众开放借阅的图书馆每年购买书籍的，并在这些法人及其供应商提供给 L.133 – 2 条规定的公司的信息基础上确定的数量，在作者和出版商之间等额分配；

2) 第二部分，不能超过总额的一半，用以冲抵社会保障法典 L.382 – 12 条第 3 和第 4 款规定的补充养老金应缴分摊额的一部分。

第四章　关于数字化经营未发表书籍的特殊规定

L.134-1 条

(2012 年 3 月 1 日 2012-287 号法律)

本章所述未发表书籍指,2001 年 1 月 1 日以前在法国出版的但出版人并未将其商业发行的且目前仍未以印刷或数字形式出版的书籍。

L.134-2 条

(2012 年 3 月 1 日 2012-287 号法律)

设立公共数据库,将未发表书籍编目,通过信息服务供公众在线免费使用。法国国家图书馆监督数据库的设立、更新以及 L.134-4 条、L.134-5 条和 L.134-6 条规定的注释的录入。

任何人均可要求法国国家图书馆将未发表书籍录入数据库。

未发表书籍的录入不得侵犯 L.132-12 条和 L.132-17 条的规定。

L.134-3 条

(2012 年 3 月 1 日 2012-287 号法律)

Ⅰ. 书籍录入 L.134-2 条规定的数据库超过 6 个月的,其数字形式的复制权和表演权的授予,由文化部认证的、受本部分第二编和第三编调整的报酬收取及分配协会负责。

除 L.134-5 条第三项规定的情况外,可以报酬为对价,以非独家、5年期限、可续展的形式,对书籍以数字形式的复制和表演进行授权。

Ⅱ. 认证协会有权为维护其负责的权利提起诉讼。

Ⅲ. Ⅰ 中所述认证需考虑以下因素:

1) 协会合伙人的多样性;

2) 领导部门以及合伙人中,作者和出版人人数的均等性;

3) 协会领导层的职业资格;

4) 协会提议确保报酬收取和分配的实施措施;

5) 权利所有者(无论是否出版合同当事人)之间报酬分配规则的公平性,书籍作者收取的报酬不得低于出版人收取的报酬;

6) 协会提议辨别并找到权利人、以便分配报酬的措施的说服力;

7) 协会提议发展合同关系以确保作品最大的可用性的措施;

8) 协会提议确保维护非出版合同当事人的权利所有者正当权益的措施。

IV. 认证协会每年向 L.321－13 条规定的报酬收取及分配协会常任监督委员会提交报告,汇报针对权利人(无论是否出版合同当事人)寻找的已实施措施及取得的成果。

委员会可针对已实施措施提出改良意见或建议,以便辨别和找到权利人。

在其规定的时间内,委员会需收到其意见和建议的后续报告。

委员会根据其确定的模式,向议会、政府和认证协会股东大会提交年度报告,汇报其提出的意见和建议及其后续。

L.134－4 条

(2012 年 3 月 1 日 2012－287 号法律)

I. 未发表书籍作者,或拥有该书籍印刷复制权的出版人,可对认证的报酬收取及分配协会行使的 L.134－3 条第一款规定的授权提出异议。该异议最迟于相关书籍录入 L.134－2 条第一款规定的数据库后 6 个月内,以书面形式发送同一款规定的机构。

该异议记录到 L.134－2 条第一款规定的数据库中。

本条 I 第一款中规定的时限截止后,未发表书籍的作者认为对该书的复制和表演可能损害其名誉和声望的,可对该书复制权和表演权的行使提出异议。该权利的行使无须补偿。

Ⅱ. 出版人根据本条Ⅰ第一款的条件发送异议的，须在异议发送2年内开发相关的未发表书籍。出版人须向L.134-3条规定的认证协会提交任何形式的书籍实际开发证据。在时限内未开发书籍的，L.134-2条规定的数据库中的异议记录将被删除，以数字形式复制和表演书籍的授权根据L.134-3条Ⅰ第二款规定的条件实施。

出版人根据本条Ⅱ第一款规定的条件提交的书籍实际开发的证据，不得违背L.132-12条和L.132-17条的规定。

L.134-5条

（2012年3月1日 2012-287号法律）

作者或出版人在L.134-4条规定的时限截止前未提出异议的，报酬收取及分配协会向拥有未出版书籍印刷复制权的出版人提出该书籍数字形式的复制和表演的授权方案。

该提议以书面形式提出。出版人未在2个月内将书面决定发送报酬收取及分配协会的，该提议视为被拒绝。

除L.134-8条规定的情况外，第一款规定的开发授权，以独家、10年期限、默认续展的方式，由报酬收取及分配协会实施。

出版人的承诺记录到L.134-2条规定的数据库中。

作者未提出任何形式的证据证明出版人不拥有书籍印刷复制权以支持其异议的，出版人须在承诺发送3年内开发相关的未发表书籍。出版人须向该协会提交任何形式的书籍实际开发证据。

对第一款规定的提议未有承诺的，或未在本条第五款规定的时限内开发作品的，以数字形式复制和表演书籍的授权由报酬收取及分配协会根据L134-3条Ⅰ第二款规定的条件实施。

报酬收取及分配协会根据第二款规定的条件给予开发授权的使用者，视为2011年5月26日第2011-590号关于数字图书定价法律第2

条定义的数字图书的出版人。

根据本条规定的条件进行的作品开发,不得违背 L.132-12 条和 L.132-17 条的规定。

L.134-6 条

(2012 年 3 月 1 日 2012-287 号法律)

拥有未发表书籍印刷复制权的作者和出版人,可随时共同通知 L.134-3 条规定的报酬收取及分配协会,收回授予所述书籍以数字形式复制和表演的权利。

未发表书籍作者能证明其为唯一的 L.134-3 条定义的权利人的,其可随时通知 L.134-3 条规定的报酬收取及分配协会,收回授予书籍以数字形式复制和表演的权利。

本条前述两款规定的通知记录到 L.134-2 条规定的数据库中。

出版人根据第一款的条件发送决定的,须在决定发送 18 个月内开发相关书籍。出版人须向报酬收取及分配协会提交任何形式的书籍实际开发证据。

协会向其授权相关书籍开发的使用者通报本条前两款规定的决定。权利所有者不得对所述书籍在通知前已经根据 L.134-3 条 I 第二款或 L.134-5 条第三款实施的、最长为 5 年的、非独家的授权、在授权期限内的继续开发提出异议。

L.134-7 条

(2012 年 3 月 1 日 2012-287 号法律)

本章的实施细则,尤其是 L.134-2 条规定的数据库开放细则,收集的数据的属性和格式,为了确保权利所有者最大知情权的最适宜的广告措施,L.134-3 条规定的报酬收取及分配协会的认证授予及取消条件,均由行政法院制定。

L.134-8 条

（2012年3月1日 2012-287号法律）

除阐明原因的拒绝外，L.134-3条规定的报酬收取及分配协会免费授权对公共开放的图书馆，向其会员复制和发布，其藏书中的、电子形式的、自首次开发授权起10年内未发现印刷复制权权利人的未发表书籍。

被授予第一款规定的权利的机构不得从中获取任何经济或商业上的利益。

书籍印刷复制权权利人可随时从报酬收取及分配协会撤回免费授权。

L.134-9 条

（2012年3月1日 2012-287号法律）

作为L.321-9条前三款规定的例外情况，L.134-3条规定认证协会，可以将从未发表书籍开发中获取的、却因为权利人未能在L.321-1条最后一款规定的时限截止前被辨别或找到而未能分配的资金，用于帮助创作的活动、培训作品作者的活动和图书馆实施的公共阅读推广活动。

第二卷 著作权之邻接权

单 编

第一章 通则

L.211-1 条

邻接权不得损害著作权。因此,本编任何规定均不得解释为限制著作权所有人行使其权利。

L.211-2 条

除任何有正当理由起诉之人,负责文化的部长在没有已知的权利继承人、无人继承或继承人放弃继承时,尤其可向司法机关起诉。

L.211-3 条

(2009 年 6 月 12 日 2009-669 号法律)
(2011 年 12 月 20 日 2011-1898 号法律)

本编开列权利之受益人不得禁止。
1) 仅在家庭范围内进行的私人和免费的表演。
2) 仅供复制者私人使用而非集体使用的、在合法来源上实现的复制;
3) 在能充分识别出处的情况下:
a) 由使用引文的作品的评论、论战、教育、科学或情报性质决定的分析及简短引用;

b) 报刊提要；

c) 作为新闻报道，对在政治、行政、司法或学术大会及政治性公共集会和官方庆典上面向公众发表的讲话，进行播放甚至全文播放；

d) 向公众传播或复制受邻接权保护制品的摘要，但不包括为教育目的而设计的制品，且纯粹用于教研范围内的说明，并排除一切游戏或娱乐行为，且该传播或复制的受众大部分由大中小学生、教师或直接相关的科研人员组成，该传播或复制的使用不会产生任何商业经营，并在定额基础上协商支付该使用的报酬。

4) 不违反有关规定的滑稽模仿、讽刺模仿及漫画。

5) 具有过渡或附带性质的临时复制，该复制须为某技术程序必不可少的部分，且复制的唯一目的是为允许受邻接权保护的作品的合法使用或该作品通过中间网络在第三人之间的传递；但是，该临时复制不能具有自有经济价值。

6) 在 L.122-5 条 7) 前两款确定的条件下，复制和向公众传播表演、录音、录像或者节目。

7) 以保存为目的或者旨在保护个人以研究或者私人学习为目的而进行的查阅的状况，在机构的场所或者在专用的终端上，由向公众开放的图书馆、博物馆或者资料馆进行的表演、录音、录像或者节目的复制和表演行为，该行为不得寻求任何经济或商业利益。

本条列举的例外，不得损害表演、录音、录像或者节目的正常开发经营，亦不得给艺术表演者、制片人或者视听传播企业的合法利益造成不正当的损失。

L.211-4 条

(1997 年 3 月 27 日 97-283 号法律)

(2006 年 8 月 3 日 2006-961 号法律)

本编财产权的有效期自下列各事件发生次年 1 月 1 日起为 50 年：

1) 艺术表演者的表演。但是,在第一款规定期间内将固定的表演通过物质样本供公众使用或向公众传播的,艺术表演者的财产权则在这些行为第一次发生后的次年1月1日起50年后到期。

2) 录音制品制作者首次固定一段声音。但是,在第一款规定期间内将录音通过物质样本供公众使用或向公众传播的,录音制品制作者的财产权则在该行为的次年1月1日起50年后到期。如果没有供公众使用,其财产权则在第一次向公众传播的次年1月1日起50年后到期。

3) 录像制品制作者首次固定有伴音或无伴音的一组画面。但是,在第一款规定期间内将录像通过物质样本供公众使用或向公众传播的,录像制品制作者的财产权则在这些行为第一次发生后的次年1月1日起50年后到期。

4) 视听传播企业L.216-1条中所指节目首次向公众传播。

L.211-5条

(1997年3月27日97-283号法律)

在符合法国加入的国际公约的规定的情况下,非欧洲共同体成员国国民的邻接权所有人享受其所属国规定的保护期,但最长不得超过L.211-4条所规定的期限。

L.211-6条

(2006年8月3日2006-961号法律)

受邻接权保护录制的一件或数件实物,经权利人或权利继受人准许,一旦在欧洲共同体或欧洲经济区某个成员国境内进行第一次销售,该录制的实物在欧洲共同体和欧洲经济区成员国内的销售将不再被禁止。

第二章 表演艺术者权利

L. 212 – 1 条

表演艺术者为表演、演唱、朗诵或以任何其他方式演出、演奏文学艺术作品或杂耍、马戏、木偶剧之人,但不包括依行业惯例认定的辅助演员。

L. 212 – 2 条

表演艺术者对自己的姓名、表演身份及表演享有受尊重的权利。

该权利系于其人身,不可剥夺且不因时效而丧失。

该权利可因保护表演及对亡者的纪念转移至其继承人。

L. 212 – 3 条

固定、复制及向公众传播表演艺术者的表演,以及对合并录制的音像进行任何分割使用,应征得其书面许可。

在不影响本法典 L.212 – 6 条的规定的情况下,该许可及其所获报酬由劳动法典 L.762 – 1 条及 L.762 – 2 条的规定调整。

L. 212 – 4 条

表演艺术者与视听作品制作者签订合同,视同许可固定、复制及向公众传播其表演。

合同就每一种作品使用方式确定分别的报酬。

L. 212 – 5 条

一种或数种使用方式的报酬未在合同和集体合同中提及的,其水平参照代表行业的劳资双方就每个领域达成的特别合约制定的标准确定。

L.212-6条

劳动法典L.762-2条仅适用于依据合同支付的超出集体合同或特别合约的那部分报酬。

L.212-7条

（2006年8月3日2006-961号法律）

表演艺术者与视听作品制作者或其受让人于1986年1月1日前签订的合同，应就其排除的使用方式适用前述规定。相应报酬不作为工资。

L.212-8条

前述集体合同或特别合约，可以主管部长令强制适用于各领域的有关各方。

L.212-9条

于1986年1月1日前或上一合约届满前未能达成合约时，每一领域的表演艺术者的报酬方式及基准由一个委员会决定。委员会由最高法院第一院长指定的司法法官主持，并由一名行政法院副院长指定的行政法院成员、一名负责文化的部长指定的专业资深人士及等额的劳资双方代表组成。

委员会以出席人员的简单多数通过决定。票数相等时，由主席决定。委员会在本条第一款所指期限届满3个月宣布决定。

除非当事人提前达成协议，该决定有效期为3年。

L.212-10条

表演艺术者的表演在一作品或一视听纪录片的一段主题事件中只具有附属性质时，该表演艺术者不得禁止复制及向公众传播其表演。

L.212-11条

（2006年8月3日2006-961号法律）

L.131-9条的规定适用于制片人和表演艺术者之间根据L.212-3条和L.212-4条制定的相当于使用许可的合同。

第三章　录音制作者权利

L.213-1条

发起并负责首次录制一段声音的自然人或法人为录音制作者。

L.214-1条所列之外的任何复制、销售、交换或出租录音制品以供公众之需，或向公众传播录音制品应征得录音制作者的许可。

第四章　表演艺术者及录音制作者的共同规定

L.214-1条

（2006年8月3日2006-961号法律）

表演艺术者及录音制品制作者，在录音制品已因商业目的发表后不得反对该录制品：

1) 在公共场所直接播放，只要不是在演出中使用；

2) 广播或同步全文的有线播放，以及仅以此为目的，由视听传播企业或以其名义实施的，为在其电台上或已缴纳合理酬金的其他视听传播企业电台上广播的自有节目配音而进行的复制。

在其他情形下，所述节目制片人需遵守L.212-3条和L.213-1条规定的邻接权所有人的专用权。

使用因商业目的发表的录音制品，不论其在何处录制，应向表演艺术者和录音制作者支付报酬。

报酬由依本条第1)和2)所列条件使用已因商业目的发表的录音制品的人支付。

该报酬按其使用收入计算,或没有收入的,在 L.131-4 条规定的情况下一次付清。

报酬由表演艺术者和录音制作者平均分配。

L.214-2 条

(2006 年 8 月 3 日 2006-961 号法律)

在符合国际公约的前提下,L.214-1 条规定的报酬收入,在首次于某欧洲共同体成员国内录制的录音制品的表演艺术者和录音制作者间分配。

L.214-3 条

报酬标准及支付方式,由表演艺术者、录音作品制作者及按 L.214-1 条的1)和2)所列条件使用录音制品者的代表组织达成的各领域特别合约确定之。

这些合约应指明录音制品同样条件的使用者履行向报酬收取及分配协会提供其使用的精确节目单及一切分配报酬必须材料的义务的方式。

这些合约的规定可以由负责文化的部长令强制适用于有关各方。

合约的有效期为 1 至 5 年。

L.214-4 条

(2004 年 7 月 2 日 2004-637 号法令)

于 1986 年 6 月 30 日前或上一合约届满前未能达成合约的,报酬标准及其支付方式由一个委员会决定。委员会由国家代表主持,并由等额的报酬受益人代表组织成员及代表在有关领域 L.214-1 条的1)和2)条件下使用录音制品的组织成员组成。

负责文化的部长令可指定委员会成员的组织及成员数额。

委员会以出席人员的简单多数通过决定。票数相等时,由主席决定。在议定后 1 个月内委员会主席不要求再议的,其决议即行生效。

委员会决定在法兰西共和国政府公报上公布。

L.214-5 条

L.214-1 条规定的报酬由第三卷第二编提到的一个或数个机构代权利所有人收取并在他们之间分配。

第五章 录像制作者权利

L.215-1 条

发起并负责首次录制有伴音或无伴音的一组画面的自然人或法人为录像制作者。

任何复制、销售、交换或出借以供公众之需或向公众传播录像制品,应征得其制作者的许可。

据前款规定的录像制作者权利,同作者、表演艺术者就固定在录像制品上的作品的权利不得分割转让。

第六章 视听传播企业权利

L.216-1 条

复制、销售、交换或出租以供公众之需、远程播放及在需支付入场费的公共场所向公众传播视听传播企业的节目,应征得其制作者的许可。

1986 年 9 月 30 日与传播自由有关的 86-1067 号法律所指的视听传播服务的经营机构,无论对这一服务适用何种体制,均称为视听传播企业。

L. 216－2 条

（2006 年 8 月 3 日 2006－961 号法律）

许可以无线电波远程传送艺术表演者的表演、录音、录像或视听传播企业的节目，则包括以非商业目的，或者仅为允许建筑物或居住用建筑群的每间住宅与区域内能够正常接收的无线电波公共接收装置连接，而将该作品发送到由所有人、共有人或其代理人安装在建筑物或者居住用建筑群的内网。

第七章 卫星播放及有线转播的规定

L. 217－1 条

（1997 年 3 月 27 日 97－283 号法律）

通过卫星远程传送表演艺术者的表演、传送录音制品、录像制品或视听传播企业的节目，如以 L.122－2－1 条及 L.122－2－2 条规定的条件进行，其著作权之邻接权受本法典的规定调整。

L.122－2－2 条所列的情况下，可就该条 1)或 2)中所指之人行使上述权利。

L. 217－2 条

（1997 年 3 月 27 日 97－283 号法律）

I. 自 1997 年 3 月 27 日 97－283 号法律生效之日起，在本法典有规定时，对自欧洲共同体成员国远距传送的表演艺术者的表演、录音制品、录像制品进行有线、同步、完整及不加变动转播的权利，仅由一报酬收取及分配协会行使。该协会受第三卷第二编调整的，应得到负责文化的部长的特别许可证。

权利人没有委托这些协会之一管理的，应指定一协会代行权利。权利人将该指定书面通知此协会,协会不得拒绝。

授权在本土远程传播表演艺术者的表演、录音制品、录像制品的合同,应指明可能负责在欧共体成员国行使许可进行有线、同步、完整及不加变动的转播权的协会。

发放第一款中的许可证应考虑 L.132-20-1 条中所列的标准。

行政法院的法规规定许可证发放和收回的条件。同时确定在第二款规定的情况下,指定负责行使转播权的协会的方式。

II. 权利人也可以将权利转让给视听传播企业而不必执行本条 I。

本条 I 的规定不适用于视听传播企业受让的权利。

L.217-3 条

(1997 年 3 月 27 日 97-283 号法律)

在不影响有关各方诉权的情况下,设立调解员以便于解决在有线、同步、完整及不加改动转播本编规定权利之一保护的内容时,因须经过许可而产生的许可转播权纠纷。

不能协商解决的,调解员可向各方建议其认为合适的解决方案。该方案 3 个月内如无书面反对即视为被接受。

行政法院的法规规定本条执行的条件及指定调解员的方式。

第三卷　关于著作权、邻接权及数据库制作者权的通则

第一编　个人复制报酬

单　章

L.311-1条

(2001年7月17日2001-624号法律)
(2011年12月20日2011-1898号法律)

固定在录音制品或录像制品上的作品的作者、表演艺术者、录音制品或录像制品的生产者,对在L.122-5条的2)及L.211-3条的2)所列条件下实现对上述作品的、在合法来源上实现的复制享有获酬权。

固定在其他任何载体上的作品的作者和出版者,对在L.122-5条的2)条所列条件下在数字录制的载体上实现对上述作品的、在合法来源上实现的复制同样享有获酬权。

L.311-2条

(2001年7月17日2001-624号法律)
(2006年8月1日2006-961号法律)

在符合国际公约的情况下,L.214-1条及L.311-1条所述报酬,在首次于欧洲共同体成员国录制录音制品及录像制品的作者、表演艺术者、制作者间分配。

L.311 – 3 条

个人复制报酬,依下列条件,按 L.131 – 4 条第二款规定的一次付清的方式确定。

L.311 – 4 条

（1992 年 7 月 17 日 92 – 677 号法律）
（2001 年 7 月 17 日 2001 – 624 号法律）
（2006 年 8 月 1 日 2006 – 961 号法律）
（2011 年 12 月 20 日 2011 – 1898 号法律）

可用于个人复制的作品的录制载体的生产者、进口者或税法典 256 条之二Ⅰ3)意义上共同体内获取人,在将这些载体投放法国流通时应支付 L.311 – 3 条所规定的报酬。

报酬额依载体种类及录制长度而定。

该金额还依每种载体的使用而定。该使用在调查的基础上评定。

然而,客观因素可以确定某种载体可被用于个人复制的作品且因此导致支付报酬的,该报酬额可仅适用第二款规定的条件确定,时限自报酬额确定之日起不得超过 1 年。

报酬额的确定将参考 L.331 – 5 条界定的技术措施的使用程度及其对属于个人复制例外情形的使用产生的影响。

L.311 – 4 – 1 条

（2011 年 12 月 20 日 2011 – 1898 号法律）

销售 L.311 – 4 条规定的录制载体时,每种载体独有的 L.311 – 3 条规定的报酬额需提供买家了解。可以非物质形态整合到载体的、关于该报酬及其目的的解释性说明,同样需提供买家了解。该说明载明达成减免协议或根据 L.311 – 8 条规定的条件返还个人复制报酬的可能性。

违反本条规定的行为,由商事法典 L.450-1 条 II 规定的公务人员,根据消费法典 L.141-1 条确定的条件,稽查并确认。这些违法行为处不高于 3000 欧元的行政罚款。

行政法院通过法令确定本条的实施条件。

L.311-5 条

(2006 年 8 月 1 日 2006-961 号法律)

(2009 年 6 月 19 日 2009-744 号法令)

(2011 年 12 月 20 日 2011-1898 号法律)

载体种类、报酬率及支付方式由委员会规定,委员会由一名国家代表主持,组成人员包括:一半是代表报酬权收益人的组织指定的人员,四分之一是代表 L.311-4 条第一款所指载体的生产人、进口人的组织指定的人员,四分之一是代表消费者的组织指定的人员。

委员会会议纪要根据法令确定的方式进行公告。委员会发布年报并将其提交议会。

在议定后 1 个月内委员会主席不要求再议的,其决议即行生效。

委员会决定在法兰西共和国政府公报上公布。

L.311-6 条

L.311-1 条规定的报酬,由本卷中第二编所述一个或多个组织为权利人收取。

报酬由前款所述的组织根据每一作品的个人复制在权利人间分配。

L.311-7 条

(1995 年 1 月 3 日 95-4 号法律)

(2001 年 7 月 17 日 2001-624 号法律)

录音制品的个人复制报酬,一半由本法典意义上的作者享有,四分之一归表演艺术者,四分之一归制作者。

录像制品的个人复制报酬,在本法典意义上的作者、表演艺术者及制作者间平均分配。

L.311-1条第二款所列的作品的个人复制报酬,由作者和出版者平均分配。

L.311-8条

(2001年7月17日2001-624号法律)

(2011年12月20日2011-1898号法律)

Ⅰ.录制载体由以下人员购以自己使用或制作的,不应支付个人复制报酬:

1)视听传播企业;

2)录音或录像制作者及负责为其复制者;

2)之二 在数字载体上发表的作品的出版者;

3)负责文化的部长确定的名单上所列的,为帮助盲人或聋者而使用录制载体的法人或组织。

Ⅱ.以职业目的(其使用条件不足以假定以个人复制为目的的使用)购买录制载体的,亦不应支付个人复制报酬。

Ⅲ.Ⅰ和Ⅱ的受益人与L.311-6条第一款规定的机构之一,可以达成确认减免及其实施条件的协议。该机构拒绝达成前述条款的,应提出具体理由。

未达成协议的,这些受益人可提交负责经济和文化的部长确定的证明,要求返还报酬。

第二编　报酬收取及分配协会

单　　章

L.321－1条

（1997年3月27日97－283号法律）

作者及表演艺术者及录音、录像制作者的报酬收取及分配协会，以民事公司的形式组成。

公司成员必须是作者、表演艺术者及录音、录像制作者、出版者或他们的权利继受人。正规成立的这些民事公司，为维护其负有法定职责的权利有权起诉。

对这些民事公司收取报酬提起支付诉讼的时效期间为收取之日起10年，该期间在报酬分配前中止计算。

L.321－2条

作者或邻接权所有人民事公司，在开展其业务经营时，同使用其全部或部分保留剧目的用户签订的合同属民事合同。

L.321－3条

（2006年8月1日2006－961号法律）

报酬收取及分配协会的章程草案及总规则应寄送负责文化的部长。

部长在收到的1个月内，如有真实严重的理由反对组成公司的，可向大审法院起诉。

法院审查公司发起人的职业资格、公司为确保收取报酬及经营剧目而拟投入的人员及物质手段以及公司章程和总规则是否与现行规章相符。

自接到文化部长要求修订与现行规章不符的章程条款、总规则或社会团体决议的通知之日起2个月内,或当必须召开合伙人会议时的6个月内,而没有修订的,文化部长可随时要求大审法院撤销这些条款或决议。

L.321－4条

(2000年9月18日2000－912号法规)

报酬收取及分配协会,应在商法典L.225－219条所述名单中,任命至少一个财务稽核及候补人,在不影响专门适用的规定外,该人应按该法规定条件行使职能。上述商法典L.242－27条的规定应予适用。

1984年3月1日关于预防和友好解决企业困难的84－148号法律第29条的规定应予适用。

L.321－5条

(2000年8月1日2000－719号法律)

民法典第1855条规定的知情权适用于报酬分配协会,但合伙人无权了解除自己以外其他任何权利所有者个人分配的报酬额。由行政法院法规确定该权利行使的形式。

L.321－6条

至少代表十分之一成员的小组,可诉请法院指定一个或数个专家负责提交关于一个或数个经营行为的报告。

检察院及企业委员会可以相同目的起诉。

报告应提交申请人、检察院、企业委员会、财务稽核及董事会,该报告应附于财务稽核为首次股东大会准备的报告之后;并亦应公告。

L.321-7 条

报酬收取及分配协会应向潜在用户提供其代理的法国及外国作者及作曲者的完整保留剧目。

L.321-8 条

报酬收取及分配协会的章程,应规定公益团体在不收门票的表演时减收应交著作权报酬及艺术表演者、录音制作者报酬的条件。

L.321-9 条

(1997 年 3 月 27 日 97-283 号法律)

(2000 年 8 月 1 日 2000-719 号法律)

(2011 年 12 月 20 日 2011-1898 号法律)

协会使用下列款项用于帮助现场剧的创作和传播及艺术家的培训活动:

1) 来自个人复制报酬的 25% 的款项;

2) 根据 L.122-10 条、L.132-20-1 条、L.214-1 条、L.217-2 条及 L.311-1 条收取的,且根据法国签署的国际条约或者因为在 L.321-1 条最后一款规定的期限届满前未能确定或找到受益人而未分配的全部款项。

在不影响未到时效的报酬支付申请的情况下,协会可自开始分配的第 5 年年末开始将 2)中所述的全部或部分款项用于上述活动。不能只分给一个机构的相应款项的分配,应提交协会的股东大会以三分之二的多数表决通过。未达到这一多数时,专门为此召开的特别大会以简单多数通过。

报酬收取及分配协会每年应就该款项的数目及使用,向负责文化的部长以及国民议会和参议院主管常务委员会报告。财务稽核核查该报告中所含信息的真实性及与公司会计资料是否符合,并为此拟定一份特别报告。

L.321－10条

录音制作者、录像制作者及表演艺术者报酬收取及分配协会,在全部或部分股东成员或同样性质的外国组织的授权范围内,通过与录音制品或录像制品使用人签订合同,可集体行使 L.213－1 条及 L.215－1 条规定的权利,以改善这些制品的传播或促进技术或经济进步。

L.321－11条

在不影响适用于民事公司的一般规定的情况下,负责文化的部长有权向法院申请解散报酬收取及分配协会。

如有违法行为,法院可禁止某一协会就某一领域或使用方式收取报酬。

L.321－12条

(2006年8月1日 2006－961号法律)

报酬收取及分配协会将其年度账目通知负责文化的部长,并至少在交股东大会审议2个月前,将任何章程或报酬收取及分配规则的修改草案告知负责文化的部长。

应负责文化的部长的要求,报酬收取及分配协会向他提供与报酬收取及分配有关的一切文件及与第三人签订的合约副本。

负责文化的部长或其代表,可以就地从有关文档中收集本条提到的情报。

报酬收取及分配协会通用的会计准则依据会计标准机关确定的条件制定。

L.321－13 条

（2000 年 8 月 1 日 2000－719 号法律）

（2000 年 9 月 19 日 2000－961 号法令）

Ⅰ. 成立一个报酬收取及分配协会常任监督委员会，通过法规任命 5 名成员，任期 5 年：

——由审计法院第一院长指定的审计法院法官任主席；

——由行政法院副院长指定的行政法院法官；

——由最高法院第一院长指定的最高法院法官；

——由财政部长指定的财政稽核总局成员；

——由文化部长指定的文化事务管理稽核总局成员。

委员会可以要求在以下人员中指定的报告人提供协助：行政法院、行政上诉法院和基层行政法院顾问团的成员；最高法院、上诉法院和基层法院的司法人员；审计法院和地区审计法院分庭的司法人员；财政稽核总局成员和民事管理者机构成员。委员会还可支配公务员，并调用由总裁指定的专家。

Ⅱ. 委员会监管报酬收取及分配协会及其控制的分会和机构的管理和财务。

为此，这些协会、分会和机构的管理者需向该委员会提供协助，向其传递所有文件，并回应所有其为行使职能而必须的信息请求。对涉及信息技术的行动，告知权包含软件和数据的检查，以及为检查需要，而要求通过任何适当的处理将前述软件和数据转录到直接可用的文件中的权利。

委员会可以要求报酬收取及分配协会的审计员提供被稽查协会的所有信息。对于委员会成员，审计员无须遵守职业秘密准则。

委员会可现场逐项检查本段第一款所列的协会和机构。

Ⅲ. 报酬收取及分配协会稽查委员会向议会、政府和报酬收取及分配协会股东大会提交年报。

Ⅳ. 受报酬收取及分配协会稽查委员会稽查的协会或机构管理者，拒绝提供委员会要求的信息、以任何方式阻碍委员会行使职能或故意向委员会提供虚假信息的，处 1 年监禁和 15 000 欧元罚金。

Ⅴ. 委员会在审计法院场所办公，并由审计法院为其提供文秘支持。

Ⅵ. 行政法院法规确定委员会的组织、运行以及其所适用的程序规则。

第三编　预防、程序及处罚

第一章　一般规定

第一节　通则

L.331－1 条

（2006 年 8 月 1 日 2006－961 号法律）
（2007 年 10 月 29 日 2007－1544 号法律）
（2008 年 8 月 4 日 2008－776 号法律）
（2011 年 5 月 17 日 2011－525 号法律）

可以审理文学和艺术产权的民事诉讼和请求，包括还涉及相关的不正当竞争民事诉讼和请求的大审法院由法规确定。

正式成立的职业维护组织，可提起诉讼以维护其章程规定的权益。

根据第二卷的规定，除许可合同有相反的规定，合法独家享有属于录音、录像制作者的专有使用权的受益人，可以此权利为基础提起诉讼。提起诉讼须通报制作者。

前述规定不妨碍根据民法典 2059 条和 2060 条规定的条件提起仲裁

申请。

L.331－1－1条

（2007年10月29日2007－1544号法律）

如果原告确能证明存在有损收回赔偿的情形，法院可保全扣押被控侵权人的动产和不动产，尤其可根据普通法律，判令冻结其银行账户或其他财产。为了确定扣押的财产范围，法院可要求提供银行、金融、会计或商业文件，或者获取相关信息。

L.331－1－2条

（2007年10月29日2007－1544号法律）

受理第一部分第一、二和三卷规定的民事诉讼的法院，为了确定侵犯原告权利的商品或服务的来源及销售渠道，可依申请，并根据需要使用逾期罚款规定，要求被告，或者是被发现持有前述商品或提供前述服务或被确认为生产、制造或销售这些商品或提供这些服务的参与者的任何人，提供其持有的任何文件或信息。

如果没有合法抗辩理由，法院可要求提供文件和信息。

前述文件和信息涉及：

a) 商品或服务的生产者、制造者、销售者、服务提供者、其他先前持有者以及收货批发商和零售商的姓名和地址；

b) 生产、销售、交付、收到或订购的数量以及被控商品或服务的价格。

L.331－1－3条

（2007年10月29日2007－1544号法律）

确定损害赔偿时，法院将参考受害人承受的包括预期收益损失在内的负面经济后果、侵权人获得的收益和权利人因侵权而遭受的精神损害。

但法院也可依受害人申请,改判不低于许可费或侵权人请求使用许可的应付费的数额固定的损害赔偿。

L.331-1-4 条

(2007 年 10 月 29 日 2007-1544 号法律)

假冒或著作权、邻接权、数据库制作者权侵权成立的,法院可依被害人申请判令从商业渠道中召回、彻底脱离、销毁或没收已制造的或生产的侵权制品、用来非法采集数据库部分数据的载体以及主要用于制造和生产侵权制品的原料和工具。

法院还可判令任何合理的判决公告措施,尤其是张贴判决,全文或部分地在报纸上或在法院指定的在线公共通信服务部门并根据法院确定的方式公布。

因前述两款所列的措施产生的费用,由侵权人承担。

法院还可判令没收全部或部分因假冒或著作权、邻接权、数据库制作者权侵权而获取的收入,并将该收入转交被害人或其权利继受人。

L.331-2 条

(1994 年 5 月 10 日 94-361 号法律)
(2006 年 8 月 1 日 2006-961 号法律)
(2007 年 10 月 29 日 2007-1544 号法律)
(2009 年 7 月 24 日 2009-901 号法规)

违反本法典第一、二和三卷规定的证据,除可由司法警察的笔录构成外,可视情况由国家电影和动画中心、L.331-1 条所列的职业维护组织或本卷第二编所述协会指定的经宣誓的人员的报告构成。负责文化的部长在行政法院的法规确定的条件下认定上述人员。

L. 331 – 3 条

（1994 年 5 月 10 日 94 – 361 号法律）
（2006 年 8 月 1 日 2006 – 961 号法律）
（2007 年 10 月 29 日 2007 – 1544 号法律）
（2009 年 7 月 24 日 2009 – 901 号法令）

在有检察官或受害人公诉的情况下，国家电影和动画中心可行使 L. 335 – 3 条意义上的视听作品假冒罪中赋予民事诉讼方的权利。

L. 331 – 4 条

（1998 年 7 月 1 日 98 – 536 号法律）
（2006 年 8 月 1 日 2006 – 961 号法律）
（2007 年 10 月 29 日 2007 – 1544 号法律）

本法典第一部分提到的权利，不得妨碍为完成法定的司法或行政议会程序审查或为公共安全目的进行的必要行为。

第二节 保护和信息的技术措施

L. 331 – 5 条

（2006 年 8 月 1 日 2006 – 961 号法律）
（2009 年 10 月 28 日 2009 – 1311 号法律）

为防止或限制使用未经著作权或邻接权权利人授权的，除软件、表演、录音、录像或节目以外的作品，而采取的有效的技术措施，在本编所列条件内受到保护。

第一款的技术措施是指，所有在正常运转情况下实现该款所述职能的技术、设备、部件。权利人通过适用密码，例如加密、干扰或其他任何将保护客体转换的保护方法，或对侵权复制进行监管的机制，可以监管该款针对使用的,这些技术措施即被视为有效。

协议、格式以及加密、干扰或转换的方法本身,并不构成本条规定的技术措施。

技术措施不得阻止在尊重作者基础上的兼容性的有效实施。技术措施的提供者根据 L.331-31 条 1)和 L.331-32 条规定的条件提供兼容性所必须的信息。

本章规定不影响 1986 年 9 月 30 日 86-1067 号传播自由法第 79-1 条至 79-6 条和第 95 条规定的司法保护。

技术措施不得对抗本法典规定的权利以及权利人许可的范围内,对受保护作品或制品的自由使用,

本条规定在不妨害本法典 L.122-6-1 条规定的情况下适用。

L.331-6 条

(2006 年 8 月 1 日 2006-961 号法律)

(2009 年 10 月 28 日 2009-1311 号法律)

L.331-7 条至 L.331-10 条、L.331-33 条至 L.331-35 条和 L.331-37 条的规定确保享有私人复制及 L.331-31 条 2)所列的例外情形的权利。

L.331-7 条

(2006 年 8 月 1 日 2006-961 号法律)

(2008 年 11 月 13 日 2008-1161 号法律)

(2009 年 10 月 28 日 2009-1311 号法律)

使用 L.331-5 条界定的保护技术措施的权利人,可以传唤例外情形受益人,以限制复制的数量。权利人可选择切实可用的规定以免这些规定剥夺 L.331-31 条 2)所列例外情形受益人有效行使其权利。他们尽量与注册的消费者协会和其他相关当事人共同商定这些措施。

在技术允许的情况下,本条规定可将享有例外情形的权利限定于作品、录音、录像或节目的合法获取,并监督这些例外情形不至于损害作品的正常使用,亦不会使受保护作品或制品的权利人的合法权益受到不正当的侵犯。

L.331-8 条

(2006 年 8 月 1 日 2006-961 号法律)

(2009 年 6 月 12 日 2009-669 号法律)

作品或另一个受邻接权保护的制品,根据当事人之间的协议供公众使用从而使每个人都可在其选择的时间和地点获访问的,权利人并不一定使用 L.331-7 条的规定。

L.331-9 条

(2006 年 8 月 1 日 2006-961 号法律)

(2009 年 6 月 12 日 2009-669 号法律)

出版者和电视服务发行者不得使用技术措施,包括根据 L.122-5 条 2)和 L.211-3 条 2)所列条件在载体上并使用数字格式,以剥夺公众享用私人复制的例外的权利。

在 1986 年 9 月 30 日 86-1067 号关于传播自由法第 42 条和 48-1 条界定的条件下,视听高级委员会监督第一款所述义务的遵守。

L.331-10 条

(2006 年 8 月 1 日 2006-961 号法律)

(2009 年 6 月 12 日 2009-669 号法律)

作品、录像、节目或录音的阅览条件,以及通过保护技术措施的使用,对 L.122-5 条 2)和 L.211-3 条 2)所列私人复制的例外的可能的限制,需告知使用者。

L.331-11 条

（2006 年 8 月 1 日 2006-961 号法律）
（2009 年 6 月 12 日 2009-669 号法律）

涉及除软件、表演、录音、录像或节目以外的作品的权利制度的电子形式的信息，信息的一部分、编号或编码附属于复制或与在作品、表演、录音、录像或节目向公众传播时出现的，在本编所列条件内受到保护。

电子形式的信息是指，由权利人提供的，用以识别作品、表演、录音、录像或节目的所有信息，作品、表演、录音、录像或节目的使用方式和条件的所有信息，以及体现全部或部分前述信息的所有编号或编码。

第三节　网络作品传播与权利保护高级公署

第一段　管辖权、构成和组织

L.331-12 条

（2006 年 8 月 1 日 2006-961 号法律）
（2009 年 6 月 12 日 2009-669 号法律）

网络作品传播与权利保护高级公署是独立的公共机关。高级公署因此具有法人资格。

L.331-13 条

（2006 年 8 月 1 日 2006-961 号法律）
（2009 年 6 月 12 日 2009-669 号法律）

高级公署确保完成：

1) 鼓励发展对用于提供在线公共通信服务的电子通信网络上合法和非法使用具有著作权或邻接权的作品和制品的监控及合法供应的

任务；

2）在用于提供在线公共通信服务的电子通信网络上对上述作品和制品进行保护的任务；

3）调整和监督著作权或邻接权所保护作品和制品的保护与识别技术措施的任务。

为完成这些任务，高级公署可建议对法律或法规进行任何修订。它可就文学和艺术产权保护的法律或法规草案向政府提供咨询意见。此外，它还可以向政府或议会委员会就其主管领域提出的任何问题提供咨询意见。

L. 331 – 14 条

（2006 年 8 月 1 日 2006 – 961 号法律）

（2009 年 6 月 12 日 2009 – 669 号法律）

高级公署每年向政府和议会提交一份报告，其中应对其所开展的活动、任务的执行及其执行方法，以及相关不同领域的专业人士对其义务和承诺的遵守情况进行说明。该报告向公众公开。

L. 331 – 15 条

（2006 年 8 月 1 日 2006 – 961 号法律）

（2009 年 6 月 12 日 2009 – 669 号法律）

高级公署下设特委会和权利保护委员会。特委会主席担任高级公署署长。

除非法律另有规定，高级公署的受托任务将由该特委会履行。

在行使相关职能时，特委会和权利保护委员会的成员不接受任何机关的指示。

L.331-16 条

（2006 年 8 月 1 日 2006-961 号法律）

（2009 年 6 月 12 日 2009-669 号法律）

高级公署的特委会由 9 名成员组成，其中，特委会主席根据法规任命，任期为 6 年：

1) 由行政法院副院长任命的一名行政法院的在职成员；

2) 由最高法院第一院长任命的一名最高法院的在职成员；

3) 由审计法院第一院长任命的一名审计法院的在职成员；

4) 由文学和艺术产权高等理事会会长任命的一名文学和艺术产权高等理事会的成员；

5) 由分管电子通信、消费和文化的各部长的联合推荐任命的 3 名合格人员；

6) 分别由国民议会议长和参议院议长任命的两名合格人员。

特委会主席将从以上第 1)、2) 和 3) 所述的人员中选出。

对于根据第 1) 至 4) 任命的成员，应在同等条件下任命候补成员。

在特委会成员席位出现空缺的情况下，无论出于何种原因，特委会应按照本条规定的条件任命新成员，以完成剩余任期。

成员任期既不可撤销，亦不可续展。

除辞职外，只有在特委会根据其规定的条件认定某成员无法工作时才能终止其职务。

L.331-17 条

（2006 年 8 月 1 日 2006-961 号法律）

（2009 年 10 月 28 日 2009-1311 号法律）

权利保护委员会负责落实 L.331-25 条中规定的措施（*此规定来自宪法委员会 2009 年 6 月 10 日第 2009-580 DC 号决定裁定*）。

权利保护委员会由3名成员组成,其中,主席根据法规任命,任期为6年:

1) 由行政法院副院长任命的一名行政法院的在职成员;

2) 由最高法院第一院长任命的一名最高法院的在职成员;

3) 由审计法院第一院长任命的一名审计法院的在职成员。

应在同等条件下任命候补成员。

在权利保护委员会成员席位出现空缺的情况下,无论出于何种原因,权利保护委员会应按照本条规定的条件任命新成员,以完成剩余任期。

成员任期既不可撤销,亦不可续展。

除辞职外,只有在委员会根据其规定的条件认定某成员无法工作时才能终止其职务。

不得兼任特委会成员和权利保护委员会成员的职务。

L.331-18条

(2006年8月1日2006-961号法律)

(2009年6月12日2009-669号法律)

I. 行使下列职务或在过去3年内曾行使下列职务的人不得任高级公署成员及秘书长:

1) 受本卷第二编规定管理的公司的管理人员、雇员或顾问等职务;

2) 从事制作录音或录像制品或出版受著作权或邻接权保护的作品的企业的管理人员、雇员或顾问等职务;

3) 视听通信企业的管理人员、雇员或顾问等职务;

4) 提供著作权或邻接权所保护作品和制品使用服务的企业的管理人员、雇员或顾问等职务;

5) 提供公共在线通信服务的企业的管理人员、雇员或顾问等职务。

II. 在终止职务后,高级公署成员和秘书长将受刑法典432-13条规定约束。

高级公署成员和秘书长不得直接或间接在本条 I 中述及的公司或企业参股。

法规确定每名成员在其接受任命时提交的利益申报的模式。

高级公署的任何成员均不得参与,有关受该成员于作出决议前 3 年担任职务的企业根据商法典 L.233-16 条规定所管控的公司或企业的决议。

L.331-19 条

(2006 年 8 月 1 日 2006-961 号法律)

(2009 年 6 月 12 日 2009-669 号法律)

高级公署各部门受署长管辖。秘书长由署长任命,负责署长管辖各部门工作的运行和协调。

高级公署成员和秘书长的职务不得兼任。

高级公署应制定其内部规章制度,并制定适用于其成员和各部门工作人员的道德规范。

负责高级公署文件指示的报告员由署长任命。

高级公署可求助专家帮助。它也可以根据需要向行政当局、外部机构或电子通信网络用户代表协会提供咨询意见,它还可以向这些当局或机构提供咨询意见。

在编制当年的财政法草案时,高级公署应划拨必要的资金以完成相关任务。

署长应提交高级公署的账目,供审计法院审计。

L.331-20 条

(2006 年 8 月 1 日 2006-961 号法律)

(2009 年 6 月 12 日 2009-669 号法律)

特委会和权利保护委员会的决定以多数票通过。在特委会内部,出现票数相等时,主席的投票为决定票。

L.331－21 条

（2006 年 8 月 1 日 2006－961 号法律）
（2009 年 6 月 12 日 2009－669 号法律）

为了权利保护委员会行使其职权，高级公署配有由高级公署署长根据行政法院法规中规定的条件授权的宣誓公务人员。这种授权不得影响执行获取法律所保护机密批准程序的规定条款。

权利保护委员会成员及第一款述及的公务人员，应按照 L.331－24 条中规定的条件受理提交至该委员会的争议，并对相关事实展开调查（*此规定被宪法委员会 2009 年 6 月 10 日第 2009－580 DC 号决定裁定违宪。*）

根据程序需要，它可获取以任何媒介形式存在的文件，包括邮政与电子通信法典规定的电子通信运营商和 2004 年 6 月 21 日的 2004－575 号数字经济信任法第 6 条第 1 段第 1 点和第 2 点中述及的服务供应商，存储和处理的数据。

它也可获取前款中述及文件的副本。

它尤其可以从电子通信运营商处获取，未经第一卷和第二卷中所规定权利所有人的同意，使用在线公共通信服务，用以复制、表演、供公众使用或向公众传播受保护著作或制品的用户的身份、邮政地址、电子邮件地址和电话号码等信息。

L.331－21－1 条

（2009 年 10 月 28 日 2009－1311 号法律）

权利保护委员会的成员及上述 L.331－21 条中提及的在司法机构宣誓的授权公职人员，可以对可能构成根据 L.335－7 条和 L.335－7－1 条规定的处以暂停接入在线公共通信服务的附加刑的本编规定的犯罪事实进行确认。

它也可收集涉案人员的意见,并在传唤通知中提及该权利。

涉案人员要求听证的,它召集涉案人员听证。所有被传唤人员均有权自行选择法律顾问获得援助。

应向涉案人员提供听证会笔录副本。

L.331-22条

(2006年8月1日2006-961号法律)

(2009年6月12日2009-669号法律)

在刑法典413-10条规定的以及226-13条中规定的条件下,高级公署的成员和公职人员必须对其因职务而了解的事实、文件或资料保守职业机密,除非是起草意见书、建议书和报告所必需。

在1995年1月21日有关安全的导向及规划的95-73号法律第17-1条规定的条件下,在决定向本法典L.331-21条中述及的公职人员进行授权前,应先对其进行行政调查,以审核其行为是否与其职务或任务相符。

第二段 鼓励发展对用于提供在线公共通信服务的电子通信网络上合法和非法使用具有著作权或邻接权的作品和制品的监控及合法供应的任务

L.331-23条

(2009年6月12日2009-669号法律)

为执行鼓励发展对用于提供在线公共通信服务的电子通信网络上合法和非法使用具有著作权或邻接权的作品和制品的监控及商业或非商业性合法供应的任务,高级公署每年按照法规规定的清单颁布相关指令。其应在L.331-14条述及的报告中阐明合法供应的发展情况。

在行政法院所颁布法规规定的条件下,高级公署应向在线公共通信服务的供应商授予合格标识,帮助这类服务的用户清楚地鉴别服务的合法性。应定期对这类标识进行审查。

高级公署对这些供应的参照网站的建立、发展和更新进行监督。

此外,其应对由技术设计师、受保护作品和制品的权利所有人以及在线公共通信服务的供应商,在内容识别和过滤的技术方面所进行的实验进行评估。在 L.331－14 条规定编制的年度报告中,其应阐明这方面的主要趋势,特别是这种技术的有效性。

其应对在电子通信网络上允许非法使用受著作权或邻接权保护的作品和制品的技术细节进行识别和研究。必要的情况下,其应在 L.331－14 条所规定的报告中提出旨在解决这些问题的解决方案。

第三段 对具有著作权或邻接权的作品和制品进行保护的任务

L.331－24 条

(2009 年 6 月 12 日 2009－669 号法律)

权利保护委员会接到经以下机构指定的、依照 L.331－2 条规定的条件宣誓和核准的工作人员提起的争议后采取行动:

——依法组建的职业维护机构;

——报酬收取及分配协会;

——国家电影中心。

权利保护委员会也可依照共和国检察官向其转交的资料采取行动。

委员会不受理侵权事实发生在 6 个月以前的争议。

L.331－25 条

(2009 年 10 月 28 日 2009－1311 号法律)

接到可能构成未履行 L.336－3 条规定的义务的事实的,权利保护委员会可以其名义,通过电子方式或通过已同用户签订合同的在线公共通信服务供应商，向用户发送盖有其印章的建议书，以此向其重申L.336-3条规定，告诫其应遵守相关义务，并警告其如违反L.335-7条和L.335-7-1条规定将受到处罚。同时，该建议书中应包含向用户提供的关于在线文化内容的合法服务、关于防止违反L.336-3条所规定义务的安全手段情况，以及关于不尊重著作权和邻接权的做法对艺术创作更新和文化领域经济的危险性等信息。

自建议书发送之日起6个月内，再次发生可能违反L.336-3条所规定义务的事实的，委员会可根据第一款规定的条件，通过电子方式发送新的载有上述相同信息的建议书。在发送建议书的同时，其应附加一份挂号信或采用任何其他能够证明该建议书提交日期的方法。

依照本条规定发送的建议书中应包含可能违反L.336-3条所规定义务的事实被确认的日期和时间。然而，建议书中不得透露违反行为所涉及的受保护的作品和制品的内容。如果需要，建议书中还可显示其收件人可以向权利保护委员会发送意见和获取按照明确要求的格式编写的关于涉嫌侵权的受保护的作品和制品内容的细节的电话号码、邮政地址和电子邮件地址（*此规定被宪法委员会2009年6月10日第2009-580 DC号决定裁定违宪。*）

L.331-26条

（2009年10月28日2009-1311号法律）

向防止非法使用在线公共通信服务的安全方法的设计师、提供接入服务的供应商、受本卷第二编规定管理的公司，以及依法组建的职业维护机构进行咨询后，高级公署颁布这类方法的相关功能规范（*此规定被宪法委员会2009年6月10日第2009-580 DC号决定裁定违宪*）。

对安全方法是否符合第一款中述及的规范及其有效性进行认证评估后，高级公署指定标示这些安全方法的清单（*此规定被宪法委员会2009年6月10日第2009-580 DC号决定裁定违宪*），并定期对这种标记制度进行复查。

行政法院的法规细化安全方法的评估程序和标记制度(*此规定被宪法委员会2009年6月10日第2009-580 DC号决定裁定违宪*)。

L.331-27条

(2009年10月28日2009-1311号法律)

在线公共通信服务的供应商,应在其同用户签订的合同中,明确清晰地述及L.336-3条的规定及权利保护委员会可以对其采取的措施(*此规定被宪法委员会2009年6月10日第2009-580 DC号决定裁定违宪*)。其还应在同用户签订的合同中列明在侵犯著作权和邻接权或违反L.335-7-1条规定时可能导致的刑事和民事惩罚。

此外,第一款述及的供应商,应告知新用户及与其续约的用户,关于在线文化内容的合法供应、关于防止不履行L.336-3条所规定义务的安全方法情况,以及关于不尊重著作权和邻接权的做法对艺术创作更新和文化经济领域的危险性等信息。

L.331-28条

(2009年10月28日2009-1311号法律)

权利保护委员会可以保留在其行使本段所赋予的权力期间收到的技术资料(*此规定被宪法委员会2009年6月10日第2009-580 DC号决定裁定违宪*)。

在线公共通信服务的供应商必须告知权利保护委员会其暂停接入服务的开始日期,委员会应于暂停期结束后删除用户个人资料。

L.331-29条

(2009年10月28日2009-1311号法律)

高级公署有权制作在本段规定的程序下的涉案人员的个人资料的自

动处理程序。

这类处理的目的,在于使权利保护委员会落实本段所规定的所有专属程序、职业维护机构以及权利收取及分配协会向司法当局起诉的通知模式以及 L.335-7 条第五款所规定的通知的各项措施。

在咨询全国信息和自由委员会的意见后,行政法院通过法规确定本条的实施细则。法规尤其应细化:

——登记资料的类别及其保存期限;

——有权接收这些资料的收件人,尤其是在线公共通信服务的供应商;

——利益攸关者向高级公署行使由 1978 年 1 月 6 日关于信息、档案和自由的第 78-17 号法律所赋予的查询资料的权利时应当遵守的相关条件。

L.331-30 条

(2009 年 10 月 28 日 2009-1311 号法律)

行政法院法规确定高级公署的特委会和权利保护委员会的程序和文件处理规则(*此规定被宪法委员会 2009 年 6 月 10 日第 2009-580 DC 号决定裁定违宪*)。

第四段 对著作权或邻接权所保护作品和制品的保护与识别技术措施进行调整和监督的任务

L.331-31 条

(2009 年 10 月 28 日 2009-1311 号法律)

为完成对受著作权或邻接权保护的作品和制品的保护与识别技术措施进行调整和监督的任务,高级公署应行使以下职能:

监督 L.331-5 条中述及的技术措施,不致因不兼容或不能交互操作,致使在作品的使用中,产生独立于除软件外的作品著作权人或表演、录音、录像或节目邻接权权利人明确确定的额外的限制。

监督在执行技术保护措施时,不至于剥夺下列例外条款中所规定的受益人的权利:

——L.122－5 条 2),自 2009 年 1 月 1 日起 3)e,以及 7)和 8);

——L.211－3 条 2),自 2009 年 1 月 1 日起 3)最后一款,以及 6)和 7);

——L.342－3 条 3),自 2009 年 1 月 1 日起 4);

——以及 L.331－4 条。

它还监督在执行技术保护措施时,不至于剥夺文化遗产法典 L.132－4 条 2)、L.132－5 条以及 L.132－6 条中述及的以收集、保存和现场咨询为目的的关于复制的例外的受益人的权益。

在遵守本法典 L.331－7 条至 L.331－10 条、L.331－33 条至 L.331－35 条以及 L.331－37 条规定的前提下,高级公署确定上述例外权利的实施细则,并尤其根据工作类型或受保护的对象,以及不同的公共传播模式和可用的保护技术提供的可能性,确定在例外的私人复制情况下所允许的最低副本数量。

L.331－32 条

(2009 年 10 月 28 日 2009－1311 号法律)

在无法获得有关交互操作的必要资料时,任何软件公司、任何技术系统制造商以及任何服务的运营商,均有权要求高级公署在尊重各方权利的基础上,确保现有系统和服务的交互操作,并从技术措施的权利所有人处获取有关交互操作的必要资料。自提起争议之日起,高级公署应在 2 个月内作出决定。

兼容性的必要资料是指,为允许技术设备能够在遵守关于使用最初定义的受保护著作或对象的相关条件的基础上,包括根据 2004 年 6 月

21日2004-575号数字经济信任法第4条所规定的开放标准,访问受技术措施保护的作品或制品以及所附的电子信息,而必要的技术文件和编程接口。

技术措施的权利人不得要求受益人放弃对其独立的可交互操作的软件源代码及其技术文档进行公开,除非其能证明相关行为将严重损害所述技术措施的安全性和有效性。

高级公署可接受各方提出的制止违背兼容性做法的承诺。如各方之间未达成共识,在要求利益攸关者提出意见后,高级公署作出详细陈述的决定以驳回请求,或根据需要在逾期罚款的规定下,发布命令,确定申请人获取有关兼容性的必要资料的条件,应当遵守的用以确保技术措施的有效性和完整性的承诺,以及获取和使用受保护内容的条件。高级公署判定的逾期罚款由其清算。

命令未被执行或已接受承诺未得到遵守的,高级公署有权处以适当的罚金。罚金与各利益攸关者所受的损害程度、受处罚组织或企业的状况以及违反兼容性做法的重复性成正比。罚金的数额根据个案情况、在有依据的基础上确定。罚金最高限额为,违背兼容性的做法实施前的、企业在某个已结算财务期内实现的最高税前全球营业额的5%,对于其他情况为150万欧元。

高级公署应在尊重受法律保护的机密的基础上,公开发布相关决定。收到决定的各方可向巴黎上诉法院提起上诉。该上诉具有中止效力。

高级公署署长可就其所知的、技术措施领域的滥用优势地位妨碍自由竞争等问题提交竞争管理局审查。该争议可根据商法典L.464-1条规定的条件,通过紧急程序提交。高级公署署长还可就其职能范围内的任何其他问题向其咨询。竞争管理局应向高级公署通报所有属于其职权范围内的争议,并听取其针对本法典L.331-5条中述及的技术措施争议的处理意见。

L.331-33条

（2009年10月28日2009-1311号法律）

L.331-31条中述及的任何例外受益人或作为其代表的任何授权法人，均可向高级公署提起有关L.331-5条中规定的技术保护措施对这些例外的享用造成限制的争端。

L.331-34条

（2009年10月28日2009-1311号法律）

进行复制或表演受保护的、为残疾人改编的著作或制品的、L.122-5条7)中述及的法人和向公众开放的机构，可向高级公署提起任何有关以数字文件格式传输印刷文本的争端。

L.331-35条

（2009年10月28日2009-1311号法律）

在尊重各方权利的基础上，高级公署应促进或制订调解方案。所撰写的调解笔录具有强制执行力，并应被存放于大审法院书记室。

自提起争议之日起2个月内未能达成调解的，在要求各利益攸关者提交意见后，高级公署作出详细陈述的决定以驳回请求，或根据需要在逾期罚款的规定下，发布命令，采取确保例外实际享用的适当措施。高级公署判定的逾期罚款由其清算。

在尊重受法律保护的机密的基础上，高级公署公开发布这些决定和调解笔录。收到决定的各方可向巴黎上诉法院提起上诉。该上诉具有中止该决定的效力。

L.331-36 条

（2009 年 10 月 28 日 2009-1311 号法律）

L.331-32 条中述及的人员，可向高级公署咨询有关技术措施兼容性的任何问题。

L.331-31 条中述及的例外受益人或作为其代表的授权法人，亦可向高级公署咨询有关此例外的有效执行的任何问题。

L.331-37 条

（2009 年 10 月 28 日 2009-1311 号法律）

行政法院的法规细化本段的实施条件。由其确定 L.331-10 条中述及的作品、录像、节目或录音的使用者的通知方式。

第二章　侵权扣押

L.332-1 条

（1998 年 7 月 1 日 98-536 号法律）
（2004 年 6 月 21 日 2004-575 号法律）
（2006 年 8 月 1 日 2006-961 号法律）
（2007 年 10 月 29 日 2007-1544 号法律）
（2009 年 6 月 12 日 2009-669 号法律）

应任何第一卷所保护作品的作者及其权利继受人的请求，警察局长及没有警察局长的地方的区法院法官，应扣押非法侵害该作品的复制品，或所有侵犯分别在 L.331-5 条和 L.331-11 条规定的技术措施和信息的样品、产品、设备、装置、部件或工具。

扣押将延误或中止正在进行或已预告的公开演出或演奏的，则需得到大审法院院长应要求即颁发的裁决的特别许可。大审法院院长可同时裁定：

1) 中止一切正在进行的非法复制作品的制造，或对分别在 L.331-5 条和 L.331-11 条规定的技术措施和信息的侵犯。

2) 在任何一天任何时刻扣押已经或正在制作的作品的非法复制品，侵犯分别在 L.331-5 条和 L.331-11 条规定的技术措施和信息的样品、产品、设备、装置、部件或工具，已取得收入及非法使用的复制品；还可实际扣押用来非法生产或销售作品的原料和工具以及所有相关文件。

3) 扣押以任何方式违反著作权对智力作品进行的复制、表演或传播以及侵犯分别在 L.331-5 条和 L.331-11 条规定的技术措施和信息的收入。

4)（已废止）。

5) 实际扣押非法作品或疑似侵犯著作权的产品，或将其提存至第三人处以阻止其进入或在商业渠道中流通。

依第二卷界定的邻接权权利人申请，大审法院院长也可采取 1) 至 5) 所列的措施。

大审法院院长可在上述裁决中裁定由扣押人事先交纳保证金。

L.332-2 条

（1998 年 7 月 1 日 98-536 号法律）

（2007 年 10 月 29 日 2007-1544 号法律）

在法规确定的时限内，被扣押人或被扣押第三人可请求大审法院院长取消扣押或限制其效力，或允许重新制造或公开演出或演奏，但须在作为寄托人的管理人的监管之下进行，且制造或经营所得应记入管理人的账目。

大审法院院长在紧急审理时，如同意被扣押人或被扣押第三人的请求，可裁定该请求人交纳一笔款项，以担保作者可能要求的损害赔偿。

L.332－3 条

(1998 年 7 月 1 日 98－536 号法律)

(2007 年 10 月 29 日 2007－1544 号法律)

扣押人在法规确定的时限内未向管辖法院起诉的,扣押人或被扣押第三人可请求大审法院院长紧急审理裁定取消扣押。

L.332－4 条

(1998 年 7 月 1 日 98－536 号法律)

(2007 年 10 月 29 日 2007－1544 号法律)

软件及数据库的侵权扣押,根据大审法院院长依请求颁发的裁定进行。院长可裁定实际扣押非法制造或生产的制品、用来非法生产或销售软件或数据库的原料和工具,以及所有相关文件。

执达员或警察局长可以由申请人指定的专家协助。

在法规确定的时限内未起诉的,侵权扣押无效。

此外,应软件或数据库权利人的请求,警察局长应对侵权软件或数据库进行描述扣押,并可实际扣押一份拷贝。

第三章　支付扣押

L.333－1 条

(1998 年 7 月 1 日 98－536 号法律)

(2011 年 12 月 19 日 2011－1895 号法令)

应属智力作品作者的经营收入遭受扣押的,大审法院院长可裁定将一定款项或扣押的一定比例,以生活费的名义付给作者。

L.333－2条

（1998年7月1日98－536号法律）

欠付作者、作曲者或艺术家及未受分居终局裁决的在世配偶或作为权利继受人的未成年子女的使用收入或文学或艺术产权转让收入，只要具有生活费的性质即不得扣押。

L.333－3条

（1998年7月1日98－536号法律）

收入款项最多不超过依照劳动法典第一卷第四编第五章规定的最高年收入基准的，不得扣押的比例任何情况下不得低于五分之四。

L.333－4条

（1998年7月1日98－536号法律）

（2011年12月19日2011－1895号法令）

本章规定不妨碍根据民法典有关收回生活债权规定进行的扣押。

第四章　追续权

L.334－1条

（1998年7月1日98－536号法律）

作品原件获得人及司法助理人员违反L.122－8条规定的，可被判决对追续权人承担连带损害赔偿责任。

第五章　刑事规定

L.335-1条

（1998年7月1日98-536号法律）

（2006年8月1日2006-961号法律）

（2009年6月12日2009-669号法律）

一经发现违反L.335-4条至L.335-4-2条的情事，司法警察可扣押非法复制的录音录像制品、非法制造或进口的复制品，侵犯分别在L.331-5条和L.331-11条规定的技术措施和信息的所有样品、产品、设备、装置、部件或工具及专门用于此类侵权的器材。

L.335-2条

（1994年2月5日94-102号法律）

（1998年7月1日98-536号法律）

（2000年9月19日2000-916号法律）

（2004年3月9日2004-204号法律）

（2007年10月29日2007-1544号法律）

违反有关作者财产权的法律法规而从事的一切全部或部分出版文字、乐曲、绘画、油画或任何其他印刷或雕刻制品的行为构成侵权；而一切侵权均构成犯罪。

在法国侵犯法国或国外出版的作品权利的，处3年监禁及30万欧元的罚金。

销售、出口及进口侵权作品的，处同样刑罚。

有组织犯罪团伙犯下本条所列罪名的，处5年监禁及50万欧元的罚金。

L.335-2-1 条

（2006年8月1日2006-961号法律）

以下行为，处3年监禁及30万欧元的罚金：

1）以任何形式，故意出版、供公众使用或向公众传播，明显向受保护作品或制品的非授权公众提供使用的软件；

2）包括通过发广告方式，故意促使1）所列软件的使用（*此规定被宪法委员会2006年7月27日第2006-540 DC号决定裁定违宪*）。

L.335-3 条

（1994年2月5日94-361号法律）
（1998年7月1日98-536号法律）
（2009年6月12日2009-669号法律）

通过任何手段，一切侵犯著作权对智力作品进行复制、表演或传播的行为，法律有规定的，亦属侵权犯罪。

侵犯L.122-6条规定的软件作者权利之一的行为亦属侵权犯罪。

所有在电影院全部或部分录制电影或视听作品的行为亦属侵权犯罪。

L.335-3-1 条

（2006年8月1日2006-961号法律）

I. 非以研究为目的，通过解码、解密或其他任何个人手段以避开、删除或使保护或监控装置失效而破坏作品的保护，故意侵犯L.331-5条界定的有效技术措施，且该侵权是通过使用II所列的技术方法、装置或部件以外的方式实现的，处3750欧元罚金。

II. 通过以下任意一种方法，直接或间接地取得或故意向他人提供，专门设计的或经过特殊改装的用以侵犯L.331-5条界定的有效技术措

施的工具的,处 6 个月监禁及 3 万欧元罚金:

1) 非以研究为目的,制造或进口技术方法、装置或部件;

2) 为销售、出借或出租而持有,为相同目的而许诺销售或以任何形式供公众使用技术方法、装置或部件;

3) 为同样的目的而提供服务;

4) 促成使用或订购、构思、复制、分发或传播对 1) 至 3) 所列方法有利的广告。

III. 在本法典规定的权利限制内,这些规定不适用于以信息安全为目的(*此规定被宪法委员会 2006 年 7 月 27 日第 2006 – 540 DC 号决定裁定违宪*)而进行的行为。

L.335 – 3 – 2 条

(2006 年 8 月 1 日 2006 – 961 号法律)

(2009 年 6 月 12 日 2009 – 669 号法律)

I. 非以研究为目的,通过并非必须使用专门设计或经过特殊改装的技术方法、装置和部件的个人手段,故意删除或修改 L.331 – 11 条所列的任意信息,侵犯著作权、掩盖或为侵权提供便利的,处 3750 欧元罚金。

II. 通过以下任意一种方法,直接或间接地取得或故意向他人提供,专门设计的或经过特殊改装的用以即使是部分地删除或修改 L.331 – 11 条所列的信息,侵犯著作权、掩盖或为侵权提供便利的,处 6 个月监禁及 3 万欧元罚金:

1) 非以研究为目的,制造或进口技术方法、装置或部件;

2) 为销售、出借或出租而持有,为相同目的而出价或以任何形式供公众使用技术方法、装置或部件;

3) 为同样的目的而提供服务;

4) 促成使用或订购、构思、复制、分发或传播对 1) 至 3) 所列方法有利的广告。

Ⅲ. 直接或间接地故意进口、分发、以任何形式供公众使用或向公众传播，L.331-11条所列的信息已被删除或修改的作品，侵犯著作权、掩盖或为侵权提供便利的，处6个月监禁及3万欧元罚金。

Ⅳ. 在本法典规定的权利范围内，这些规定不适用于以科研或信息安全为目的（2006年7月27日第2006-540 DC号宪法委员会决定中不符合宪法的相关规定）而进行的行为。

L.335-4条

（1994年2月5日94-102号法律）
（1998年7月1日98-536号法律）
（2000年9月19日2000-916号法律）
（2003年6月18日2003-517号法律）
（2004年3月9日2004-204号法律）

未取得应有的许可，任何有偿或无偿的固定、复制、传播或向公众提供，或远程传送表演艺术者、录音录像制作者或音像传播企业的表演、录音录像制品或节目的，处3年监禁及30万欧元的罚金。

出口及进口未取得表演艺术者、录音录像制作者应有的许可制作的录音录像制品的，处同样刑罚。

未向作者、表演艺术者、录音录像制作者支付按个人复制或公共传播或录音制品的远程传送应付的报酬的，处第一款中规定的罚金。

未支付L.133-3条第三款所列款项的，处第一款中规定的罚金。

有组织犯罪团伙犯下本条所列罪名的，处5年监禁及50万欧元的罚金。

L.335-4-1条

（2006年8月1日2006-961号法律）

Ⅰ. 非以研究为目的，通过解码、解密或其他任何个人手段以绕开、删除或使保护或监控装置失效而破坏表演、录音、录像或节目的保护,故意侵犯 L.331-5 条界定的有效技术措施,且该侵权是通过使用 II 所列的技术方法、装置或部件以外的方式实现的,处 3750 欧元罚金。

II. 通过以下任意一种方法,直接或间接地取得或故意向他人提供,专门设计的或经过特殊改装的用以侵犯 L.331-5 条界定的有效技术措施的工具的,处 6 个月监禁及 3 万欧元罚金:

1)非以研究为目的,制造或进口技术方法、装置或部件;

2)为销售、出借或出租而持有,为相同目的而出价或以任何形式供公众使用技术方法、装置或部件;

3)为同样的目的而提供服务;

4)促成使用或订购、构思、复制、分发或传播对 1)至 3)所列方法有利的广告。

III. 在本法典规定的权利范围内,这些规定不适用于以信息安全为目的(*此规定被宪法委员会 2006 年 7 月 27 日第 2006-540 DC 号决定裁定违宪*)而进行的行为。

L.335-4-2 条

(2006 年 8 月 1 日 2006-961 号法律)

(2009 年 6 月 12 日 2009-669 号法律)

I. 非以研究为目的,通过并非必须使用专门设计或经过特殊改装的技术方法、装置和部件的个人手段,故意删除或修改 L.331-11 条所列的任意信息,侵犯著作权或邻接权、掩盖或为侵权提供便利的,处 3750 欧元罚金。

II. 通过以下任意一种方法,直接或间接地取得或故意向他人提供,专门设计的或经过特殊改装的用以即使是部分地删除或修改 L.331-11 条所列的信息,侵犯著作权或邻接权、掩盖或为侵权提供便利的,处 6 个月监禁及 3 万欧元罚金:

1）非以研究为目的，制造或进口技术方法、装置或部件；

2）为销售、出借或出租而持有，为相同目的而出价或以任何形式供公众使用技术方法、装置或部件；

3）为同样的目的而提供服务；

4）促成使用或订购、构思、复制、分发或传播对1）至3）所列方法有利的广告。

Ⅲ. 直接或间接地故意进口、分发、以任何形式供公众使用或向公众传播，L.331-11条所列的信息已被删除或修改的表演、录音、录像或节目，侵犯著作权或邻接权、掩盖或为侵权提供便利的，处6个月监禁及3万欧元罚金。

Ⅳ. 在本法典规定的权利范围内，这些规定不适用于以信息安全为目的（*此规定被宪法委员会2006年7月27日第2006-540 DC号决定裁定违宪*）而进行的行为。

L.335-5条

（1994年2月5日94-102号法律）

（1998年7月1日98-536号法律）

（2000年9月19日2000-916号法律）

（2006年8月1日2006-961号法律）

因违反L.335-2条至L.335-4-2条而受到处罚的，法院可判令侵权单位不超过5年的全部或部分以及最终或临时停业。

临时停业不得取消或中止劳动合同，也不得给有关雇员带来任何经济损失。当最终停业造成辞退人员的，除支付预定赔偿及辞退赔偿外，还应按劳动法典关于劳动合同中断的L.122-14-4条及L.122-14-5条赔偿损失。违者处6个月监禁及3750欧元的罚金。

L.335－6条

（1992年12月16日92－1336号法律）
（1998年7月1日98－536号法律）
（2004年6月21日2004－575号法律）
（2006年8月1日2006－961号法律）
（2007年10月29日2007－1544号法律）

犯有L.335－2条至L.335－4－2条所列罪名的自然人，除被刑事处罚以外，还需从商业渠道召回已被认定的侵权产品以及任何曾用于或将用于犯罪的物品，并承担全部费用。

法院可判令没收全部或部分侵权收入及所有非法制作或复制的录音录像制品、复制品及专用于犯罪的器材。

法院可判令被告付费销毁或交付被害人已从商业渠道召回的或没收的产品和物品，并不影响损害赔偿的确定。

法院还可判令被告按刑法典131－35条规定的条件付费张贴或传播处罚判决书。

L.335－7条

（1998年7月1日98－536号法律）
（2006年8月1日2006－961号法律）
（2007年10月29日2007－1544号法律）
（2009年10月28日2009－1311号法律）

通过在线公共通信服务犯罪的，L.335－2条、L.335－3条和L.335－4条所列罪名的罪犯，还可被判处最多1年内暂停接入在线公共通信服务的附加刑，同时禁止其在前述时间内与任何运营商签署另一个同类型的服务合同。

根据混合商业要约签订的该服务包含例如电话或电视服务的其他类

型服务的,暂停裁定不适用于这些服务。

暂停接入本身不影响向服务提供商支付服务费。暂停期间消费法典 L.121-84 条不适用。

暂停期间取消合同的费用由签约人承担。

裁定进入执行期的,网络作品传播与权利保护高级公署在接到本条规定的附加刑通知后,通知在线公共通信服务提供商,在接到通知之日起 15 日内,暂停涉案签约人的接入。

在线公共通信服务提供商不执行接到的暂停刑罚通知的,处 5000 欧元罚金。

刑事诉讼法典 L.777 条 3)不适用于本条规定的附加刑。

L.335-7-1 条

(2009 年 10 月 28 日 2009-1311 号法律)

对于本法典所列的第五级罪名,法规有明确规定的,权利保护委员会已根据 L.331-25 条事先通过挂号信或其他任何可确定送达日期证据的方式,将建议书传达给在线公共通信服务提供商,并要求其针对网络接入采取安全措施的,可根据相同的形式,对有明显疏忽行为的服务提供商处以 L.335-7 条界定的附加刑。

明显疏忽的判定以前款所列建议书送达 1 年内的行为为基础。

在这种情况下,暂停的最长期限为 1 个月。

本条规定的附加刑被告不遵守与另一个在线公共通信服务提供商签署新合同的禁令的,处最高 3750 欧元的罚金。

L.335-7-2 条

(2009 年 10 月 28 日 2009-1311 号法律)

法院综合考虑犯罪的情形及严重程度、罪犯的品格,尤其是其社会或职业活动以及其社会经济地位,以确定是否判令 L.335-7 条和 L.335-

7-1条规定的附加刑及刑期。刑期的确定必须综合考虑知识产权的保护和尤其是在住所内的言论和传播自由权的关系。

L.335-8条

（1992年12月16日92-1336号法律）

（1994年2月5日94-102号法律）

（1998年7月1日98-536号法律）

（2006年8月1日2006-961号法律）

（2007年10月29日2007-1544号法律）

（2009年5月12日2009-526号法律）

在刑法典121-2条规定的条件下，被判处L.335-2条至L.335-4-2条界定的罪名的法人，承受除根据刑法典131-38条所列形式确定的罚金以外的、刑法典131-39条所列的刑罚。

刑法典131-39条的2)中所述禁止涉及经营活动或违法时的经营。

被判处承担刑事责任的法人，除被刑事处罚以外，还需从商业渠道召回已被认定的侵权产品以及任何曾用于或将用于犯罪的物品，并承担全部费用。

法院可判令被告付费销毁或交付被害人已从商业渠道召回的或没收的产品和物品，并不影响损害赔偿的确定。

L.335-9条

（1994年2月5日94-102号法律）

（1998年7月1日98-536号法律）

（2006年8月1日2006-961号法律）

（2009年5月12日2009-526号法律）

犯有本章所列并禁止的罪名的罪犯同受害人有或有过协议的，处罚加倍。

L.335-10条

（1994年2月5日94-102号法律）

（1998年7月1日98-536号法律）

（2003年8月1日2003-706号法律）

海关管理部门依著作权或邻接权所有人的书面请求及按行政法规规定的条件附上的权利证明，可在其检查范围内扣留申请人指控侵权的货物。

海关管理部门立即将扣留情况通报共和国检察官、申请人及货物申请人或占有人。申请人自货物扣留通知之日起10个工作日内不能向海关管理部门做到下列情况的，扣留决定自动失效：

——或者L.332-1条规定的保全措施；

——或者提起民事或刑事诉讼并提供担保以承担侵权不成立的责任。

为提起前款所称诉讼，申请人可从海关管理部门获知货物的发运人、进口人及收货人或货物占有人的名称和地址以及货物数量，而不必遵守海关法典第59条之二有关海关管理人员必须保守职业秘密的规定。

在欧洲共同体一个成员国内合法制造或销售的、经海关法典第1条界定的海关借道后，将投放到欧洲共同体另一个成员国市场并合法销售的欧洲共同体商品，不适用第一款规定的扣留。

第六章　著作权或邻接权所保护作品或制品的非法下载和使用的预防

L.336-1条

（2006年8月1日2006-961号法律）

软件主要用来非法使用受文化艺术产权保护的作品或制品的，大审法院院长通过紧急程序,可采取任何符合现有技术的必要措施,并辅以逾期罚款规定,以保护该权利。

因此采取的措施不得歪曲软件的主要特征或初始用途。

L.332－4 条适用于本条规定的软件。

L.336－2 条

(2006 年 8 月 1 日 2006－961 号法律)

(2009 年 6 月 12 日 2009－669 号法律)

在线公共通信服务的内容侵犯著作权或邻接权的,在必要的情况下,依受保护作品和制品的权利人或权利继受人、L.321－1 条规定的权利收取及分配协会及行业维护组织的申请,依照紧急程序,大审法院可针对任何可能有助于补救这种情况下的当事人,采取任何适合的措施以预防或阻止这种侵犯著作权或邻接权的行为。

L.336－3 条

(2009 年 6 月 12 日 2009－669 号法律)

(2009 年 10 月 28 日 2009－1311 号法律)

任何享有在线公共通信服务接入的用户,有义务保证该接入不会导致以复制、表演、使用或向公共传播为目的的,需第一卷和第二卷规定的权利人授权而未经授权的,受著作权和邻接权保护的作品或制品的使用(*此规定被宪法委员会 2009 年 6 月 10 日第 2009－580DC 号决定裁定违宪*)。

享受接入服务的用户未履行第一款界定的义务的,除 L.335－7 条和 L.335－7－1 条的规定外,不因此而承担刑事责任。

L.336－4 条

(2009 年 6 月 12 日 2009－669 号法律)

根据本法典 L.331－10 条和消费法典 L.111－1 条的规定,由在线公共通信服务提供的受保护作品或制品的授权使用的主要特征,需以显而易见的方式让使用者知晓。

第四编　数据库制作者权

第一章　适用范围

L.341-1条

(1998年7月1日98-536号法律)

数据库的建立、核实或展示经证明有财力、物力或人力上的重大投资的,数据库制作者,作为发起并承担相应投资风险之人,享有对数据库内容的保护。

该保护独立于著作权或其他权对数据库或其组成部分的保护,并在实施时不得损害这一保护。

L.341-2条

(1998年7月1日98-536号法律)

以下所列可享受本编的权益:

1) 具有欧洲共同体成员国或欧洲经济区协定成员国国籍,或在该国具有惯常居所的数据库制作者;

2) 按照成员国法律成立的公司或企业,其公司总部、中央管理部或主要营业所位于共同体或欧洲经济区协定成员国之内;但该公司或企业在该国领土上只有公司总部的,其营业应与这些国家之一的经济具有实际和持续的联系。

不具备上述条件的数据库制作者,如其国籍国同欧洲共同体委员会签有特别协议,可享受本编规定的保护。

第二章　保护范围

L.342-1 条

(1998 年 7 月 1 日 98-536 号法律)

数据库制作者有权禁止：

1) 提取，即通过任何手段及任何形式，将数据库内容的全部或质量上或数量上的实质部分，永久或临时地转移到另一载体上；

2) 再次使用，即通过任何形式将数据库内容的全部或质量或数量上的实质部分提供给公众。

该权利可转移、转让或作为许可对象。

公众借用不是提取或再次使用。

L.342-2 条

(1998 年 7 月 1 日 98-536 号法律)

数据库制作者同样可禁止对数据库内容的质量上或数量上的非实质部分进行反复和系统的提取或再次使用，只要这种行为明显超出数据库的正常使用条件。

L.342-3 条

(1998 年 7 月 1 日 98-536 号法律)

(2006 年 8 月 1 日 2006-961 号法律)

当数据库由权利所有人提供给公众，权利人不得禁止：

1) 有正当权利访问的人对数据库内容的质量上或数量上的非实质部分的提取或再次使用；

2) 在尊重数据库中的作品或成分的著作权或邻接权的情况下，对非电子数据库内容的质量上或数量上的实质部分进行私人目的的提取；

3）在 L.122－5 条 7）的前两款所列条件下，对数据库的提取和再使用；

4）对数据库内容的质量上或数量上的实质部分的提取或再次使用，仅以教育和科研说明为目的，并排除任何游戏或娱乐行为，且该提取和再使用的受众主要由中小学生、大学生、教师或直接相关的研究人员组成，且说明来源，且该提取和再使用的使用不得涉及任何商业经营，且该使用的酬劳在定额基础上磋商确定。

所有违反上述 1）的条款均属无效。

本条所列例外不得影响数据库的正常使用，亦不得不正当地损害数据库制作者的合法利益。

L.342－3－1 条

（2006 年 8 月 1 日 2006－961 号法律）

（2009 年 6 月 12 日 2009－669 号法律）

（2009 年 10 月 28 日 2009－1311 号法律）

L.331－5 条规定的，为防止或限制根据 L.342－1 条未经制作者授权的数据库的使用而采取的有效的技术措施，受 L.335－4－1 条保护。

使用第一款规定的保护技术措施的数据库制作人，需在 L.331－31 条、L.331－7 条至 L.331－10 条、L.331－33 条至 L.331－35 条和 L.331－37 条所列条件下，选择切实可用的规定以免这些规定剥夺 L.342－3 条所列例外情形受益人有效行使其权利。

有关享有包含本条第一款规定的技术措施的 L.342－3 条界定的例外的权利的争议，由 L.331－12 条规定的网络作品传播与权利保护高级公署裁决。

L.342-3-2条

（2006年8月1日2006-961号法律）
（2009年6月12日2009-669号法律）

与L.331-11条规定的数据库制作者权利制度相关的电子形式信息受L.335-4-2条保护。

L.342-4条

（1998年7月1日98-536号法律）

在欧洲共同体成员国或欧洲经济区协定成员国的领土上，由权利人或经其同意将数据库的有形复制品首次出售后，在所有这些成员国控制该有形复制品转售的权利即告穷竭。

但制作者在所有这些成员国控制该数据库或其部分的有形复制品转售的权利，不因数据库的在线传送而穷竭。

L.342-5条

（1998年7月1日98-536号法律）

L.342-1条规定的权利自数据库制作完毕起生效。该权利于制作完毕之年的次年1月1日起15年到期。

在前款规定的期限到期之前数据库被提供给公众的，权利于首次提供之年的次年1月1日起15年到期。

但被保护数据库又有新的重大投资的，其保护于新的投资之年的次年1月1日起15年到期。

第三章　程序和处罚

L.343－1 条

（1998 年 7 月 1 日 98－536 号法律）

（2000 年 9 月 19 日 2000－916 号法律）

（2004 年 3 月 9 日 2004－204 号法律）

（2007 年 10 月 29 日 2007－1544 号法律）

对数据库制作者权利的侵犯可通过任何形式证明。

为此，所有有资格依本编起诉的人，有权依据有权限的民事法院依申请下达的裁定，请求执达员在原告指定的专家的协助下，或者出具带有被控侵犯数据库制作者权利的载体或产品的详细清单，是否取样均可，或者实际扣押这些载体或产品以及任何与之相关的文件。

同样以取证为目的，法院可判令实际扣押用来生产或销售带有被控侵犯数据库制作者权利的载体或产品的原料和工具。

申请证据保全的，法院可要求原告提供担保金，以保证依据本编采取的行动事后被认定为无法律依据或扣押被宣告解除后对被告可能的赔偿。

扣押解除依据 L.332－2 条和 L.332－3 条确定的方式执行。

L.343－2 条

（1998 年 7 月 1 日 98－536 号法律）

（2007 年 10 月 29 日 2007－1544 号法律）

所有有资格针对数据库制作者权利侵权起诉的人，针对被控侵权人或为其提供服务的中间人的，用以预防数据库制作者权利的侵权行为或阻止被控侵权行为的延续的，可依紧急程序请求有管辖权的民事法院判令任何紧急措施，并视情况决定辅以逾期罚款。有情况要求紧急措施无须经过对审程序的,尤其是延迟采用将给原告造成不可弥补的损害的,有管辖权的民事法院还可依申请判令任何紧急措施。无论依紧急程序或依申请,只有在原告依正常情况下可获取的证据可以证明侵权业已存在或即将发生的,法院才可判令请求的措施。

法院可禁止被控侵权数据库制作者权利的行为的延续,要求提交担保金以保证对原告可能损失的补偿,或判令扣押或将涉嫌侵犯本编授予的权利的产品提存至第三人处,以阻止其进入或在商业渠道中流通。

原告的损失基本无争议的,法院还可判给原告一定的预付款。

无论依紧急程序或依申请,申请紧急措施的,法院可要求原告提供担保金,以保证依本编采取的行动事后被认定为无法律依据或措施被撤销后对被告可能的赔偿。

为阻止侵犯数据库制作者权利的行为而在诉前采取措施的,原告需在法规确定的时限内提起民事或刑事诉讼。未提起诉讼的,依被告无须论证理由的申请,措施被撤销,且不影响被告可能申请的损害赔偿。

L.343-3 条

(1998年7月1日98-536号法律)

(2007年10月29日2007-1544号法律)

违反本章的规定的确切证据,除可由司法警察的笔录构成外,还可由数据库制作者职业组织指定的经宣誓的人员的报告构成。负责文化的部长在与认定L.331-2条中的人员同样的条件下认定上述人员。

L.343-4 条

(1998年7月1日98-536号法律)

(2007年10月29日2007-1544号法律)

侵犯L.342-1条界定的数据库制作者权利的,处3年监禁及30万欧元的罚金。有组织犯罪团伙犯罪的,处5年监禁及50万欧元的罚金。

L.343－5 条

（2007 年 10 月 29 日 2007－1544 号法律）

犯有本章所列罪名的自然人,除被处以刑罚外,还需从商业渠道召回已被认定的侵权产品以及任何曾用于或将用于犯罪的物品,并承担全部费用。

法院可判令被告付费销毁或将从商业渠道召回或没收的制品和物品交付被害人,且不影响损害赔偿。

法院还可判令被告按刑法典 131－35 条规定的条件付费张贴或传播处罚判决书。

L.343－6 条

（2007 年 10 月 29 日 2007－1544 号法律）

（2009 年 5 月 12 日 2009－526 号法律）

在刑法典 121－2 条规定的条件下,被判处本章界定的罪名的法人,除承受根据刑法典 131－38 所列形式确定的罚金外,还需承受刑法典 131－39 条所列的刑罚。

刑法典 131－39 条的 2)中所述禁止,涉及经营活动或违法时的经营。

法院可判令被告付费销毁或将从商业渠道召回、没收的制品和物品交付被害人,且不影响损害赔偿。

L.343－7 条

（2007 年 10 月 29 日 2007－1544 号法律）

违反 L.343－4 条的累犯,或同受害人签有或有过协议的初犯加倍处罚。

此外,可在不超过 5 年的时间剥夺罪犯的商事法院、工商会、行业协会及劳资协会的选举权和被选举权。

第二部分

工 业 产 权

第四卷　行政及职业组织

第一编　机构

第一章　国家工业产权局

L.411-1 条

(2008 年 12 月 11 日 2008-1301 号法令)

(2010 年 6 月 15 日 2010-658 号法律)

国家工业产权局隶属负责工业产权的部门,是具有民事资格及独立财务的公共机构。该机构的职责为:

1) 汇总及传播为保护创新、注册企业所需的一切信息,负责该领域的宣传和培训。

2) 实施工业产权及工商企业注册簿方面的法律、法规;为此,该局尤其负责受理工业产权或与其有关的证书的申请的提交,负责审查颁发或注册证书及监控维持证书的效力,汇总工商企业注册簿及《民商启示官方公报》;负责工业产权证书及法定公告汇总文件中的技术、商业及财务信息的传播。

3) 采取主动行动经常调整国内和国际立法,以适应发明人及企业的需要;为此,该局负责向主管工业产权的部长提出其认为在此领域有益的改革方案,参与国际协定的起草工作及在有关国际组织中代表法国。

L.411-2 条

该局的收入包括 1959 年 1 月 2 日关于财政法律的机构法的 59-2

号法令第 5 条规定条件所列明的,有关工业产权、工商企业注册簿、手工业者名录及提交公司文件征收的费用及相关费。这些费用必须平衡该机构的支出。

对该局预算执行情况的监督,事后按行政法院法规规定的方式进行。

L.411－3 条

该局的行政及财务组织由行政法院的法规制定。

L.411－4 条

国家工业产权局局长在颁发、驳回或维持工业产权证书时,作出本法典规定的决定。

局长在行使这一职权时不受上级机关的制约。依法规指定的上诉法院直接受理对其决定的上诉。审理时,检察院及国家工业产权局局长均可参与。申请人及国家工业产权局局长均可上诉至最高法院。

L.411－5 条

L.411－4 条第一款所述的驳回决定应说明理由。

接受按 L.712－4 条所提异议或解除制造、商业及服务商标失效申请时亦然。

决定应按法规规定的形式和时限通知申请人。

第二章　植物新品种委员会

L. 412 – 1 条

（2004 年 7 月 1 日 2004 – 637 号法令）

（2004 年 12 月 9 日 2004 – 1343 号法律）

（2011 年 12 月 8 日 2011 – 1843 号法律）

由主要包含政府及国立农业研究院的公共利益组织履行植物新品种的国家机关职能。因此，该组织负责：

1）实施植物新品种保护方面的法律法规，尤其是颁发 L.623 – 4 条所述证书；

2）支持政府起草植物品种相关的国内法规和国际协议。

公共利益组织内履行植物新品种国家机关职能的负责人，由负责农业的部长任命。该负责人在颁发、驳回或维持植物新品种证书时，做出本法典规定的决定。该负责人完全独立于任何上级机关或监督机关履行职能。

第二编　工业产权从业资格

第一章　在工业产权合格人员名单上登记

L. 421 – 1 条

国家工业产权局每年制订一份工业产权合格人员名单。

该名单应公布。

登记在上述名单中的人，可成为企业雇员或单独自由执业或集体执业或成为另一自由职业者的雇员。

在符合 L.421-2 条规定的职业道德条件的情况下,1990 年 11 月 26 日登记在发明专利合格人员名单上的人,当然在第一款所指的名单中登记。

L.421-2 条

品行不端或不符合规定的文凭及职业实践条件的,任何人不得在前条所指的名单中登记。

根据所获文凭及取得的实际工作经验在登记时加注专业。

第二章 从事工业产权顾问的条件

L.422-1 条

(1992 年 12 月 16 日 92-1336 号法律)

工业产权顾问的工作是,经常地、有偿地向公众提供服务以建议、协助或代表第三人获得、维持、利用或维护工业产权相关权及相关问题的权利。

前款所指服务包括法律咨询及撰写私署文书。

未在国家工业产权局局长制订的工业产权顾问名单上登记的,任何人不得使用工业产权顾问的名义,或相当的及容易引人混淆的名义。

违反前款规定应处刑法典 433-17 条对冒用称号罪规定的刑罚。

未在 L.421-1 条所指名单中登记及未按 L.422-6 条规定条件执业的,任何人不得在工业产权顾问名单中登记。

根据所获文凭及取得的实际工作经验在登记时加注专业。

L.422-2 条

1990 年 11 月 26 日有关工业产权的 90-1052 号法律生效之日拥有发明专利顾问者,当然在 L.422-1 条所指名单中登记。

L.422-3条

在前述1990年1月26日90-1052号法律生效之日开展L.422-1条所述业务的公司,可申请登记在工业产权顾问名单上。

这些情况下L.422-7条b)中规定的条件不适用。

最晚不得迟于前述1990年11月26日90-1052号法律生效之日起2年内提出申请,否则丧失该权利。

L.422-4条

(2001年7月25日2001-670号法令)

意图在国家工业产权局程序中寻求代理者,在该领域要求的专业技术的行为必须通过按L.422-1条最后一款确定的专业与行为有关的工业产权顾问代理。

前款规定不妨碍寻求律师的服务,或申请人与其有合同关系的企业或公共机构的服务,或专门职业组织的服务以及位于欧洲共同体某成员国或欧洲经济区某成员国境内的、在该国工业产权服务中心有代理资质的、非经常性地提供代理服务的专业人员的服务。

L.422-5条

任何在1990年11月26日开展L.422-1条第一款所述业务者,只要已在国家工业产权局局长所设的特别名单上登记,可不依L.422-4条的规定,在该条第一款所述情况下代理该款所指之人。

在不妨碍本条末款规定的情况下,向该局局长提出声明即自动登记。

最晚不得迟于前述1990年11月26日90-1052号法律生效之日起2年内提出声明,否则即丧失权利。

品行不端者不得登记。

L.422－6条

工业产权顾问可单独或集体执业,或作为另一工业产权顾问的雇员。

L.422－7条

(2004年2月11日2004－130号法律)
(2010年7月23日2010－853号法律)

登记到L.422－1条规定的名单的专业人员,或在欧盟成员国、欧洲经济区成员国领土上执业并获准在该国工业产权中央部门代理工业产权事务的专业人员,可成立职业民事公司、自由职业公司或其他形式的公司,开展工业产权顾问职业。后一种情况下,必须做到:

a) 董事会董事长、总经理、一人公司的总经理及经理、半数以上的董事会或监事会成员具有工业产权顾问资格;
b) 第一款所述人员控制一半以上的公司资本及投票权;
c) 接收新股东视情况需经董事会、监事会或经理的预先同意。

商事法典L.225－22条头两款及L.225－44条和L.225－85条,均不适用于工业产权顾问公司的董事会成员及监事会成员。

工业产权顾问业务由公司开展的,除顾问本人的登记外,应在L.422－1条所指名单的特别部分予以登记。

L.422－8条

所有工业产权顾问必须投保,以确保在执行职务中因疏忽及过失所应承担的职业民事责任,及退还已收的基金、证券。

L.422－9条

设立全国工业产权顾问协会,该协会具有法人资格,隶属国家工业产权局,并在公共权力机关前代表工业产权顾问、维护职业权益及确保遵守行业纪律规则。

L.422－10 条

作为工业产权顾问执业的个人或法人,甚至在执业之外,违反本编规则或其实施细则,或违反正直、荣誉、尽职、谨慎的要求的,可给予下列法律处分之一:警告、记过、临时或永远注销。

司法法官主持的全国工业产权顾问协会惩戒庭宣布上述处分。

L.422－11 条

(2004 年 2 月 11 日 2004－130 号法律)

对于 L.422－1 条提及的所有服务,工业产权顾问需遵守职业秘密。该秘密涵盖为客户提供的咨询,与客户、同事或律师之间的职业信件往来、谈话记录,更宽泛地讲,涵盖案件的所有内容。

L.422－12 条

(2004 年 2 月 11 日 2004－130 号法律)

工业产权顾问职业不得从事或担任:

1) 任何具有商业性质的业务,无论直接经营或通过第三人兼营。

2) 合股公司的股东,股份两合公司或简易两合公司的无限责任股东,有限责任公司的经理,股份有限公司的董事会主席、董事会成员、总经理或副总经理,简易股份有限公司的董事长或总经理,民事公司的经理;行使工业产权顾问职业或管理相关职业利益或家庭利益的公司除外。

3) 工业产权顾问从业少于 7 年,且未事先根据行政法院法规确定的条件得到特许的商业公司监事会或董事会成员。

L.422－13 条

(2004 年 2 月 11 日 2004－130 号法律)

除法律法规另有规定外,工业产权顾问职业不得兼任其他任何职业。

但是,不妨碍其兼任教师、仲裁员、调解员、斡旋人或司法专家。

第三章 其他规定

L.423－1条

禁止任何个人或法人上门兜售以图在工业产权方面进行代理、咨询或撰写文书。但本禁止不适用于按法规规定通过邮局向专业人士或企业寄送的服务报价。

凡违反前款规定的,应依1972年12月22日有关在上门兜售及到家销售方面保护消费者的72-1137号法律第5条予以处罚。

该款提及活动的所有广告须符合法规所定的条件。

L.423－2条

行政法院的法规确定本编的实施。

这些法规尤其要明确:

a) 第一章的实施条件;

b) L.422-1条的实施条件;

c) L.422-4条的实施条件;

d) L.422-5条的实施条件;

e) 可不遵守L.422-7条b)所述义务,以允许跨行业集团同其他提供服务者参与创新过程的条件;

f) 适用于工业产权顾问的行业纪律规则;

g) 全国工业产权顾问协会的组织及运行模式,及向成员征收会员费的数额的确定方式。

第五卷 外观设计

第一编 保护条件及方式

第一章 适用范围

第一节 保护客体

L.511－1 条

（2001 年 7 月 25 日 2001－670 号法令）

产品或其部分的外观，尤其通过其线条、轮廓、颜色、形状、肌理或材料体现其特征的，可以外观设计的名义受到保护。

除电脑程序外，所有工业或手工制品，尤其是用来集成到复杂产品的部件、包装、装潢、图标和印刷的字体，均视为产品。

L.511－2 条

（2001 年 7 月 25 日 2001－670 号法令）

受保护的外观设计，应具备新颖性和独特性。

L.511－3 条

（2001 年 7 月 25 日 2001－670 号法令）

新颖性，是指在提交注册申请日或要求的优先权日以前没有同样的外观设计被公开。特征的区别仅在于不重要的细节的，视为同样的外观设计。

L.511-4 条

(2001 年 7 月 25 日 2001-670 号法令)

独特性,是指知情观察者对该外观设计的整体视觉感受不同于提交注册申请日或要求的优先权日以前公开的任何外观设计。

对独特性的判断,将考虑创作者在实现外观设计时所拥有的自由空间。

L.511-5 条

(2001 年 7 月 25 日 2001-670 号法令)

复杂产品的部件的外观设计,仅在以下情形,具备新颖性和独特性:

a) 除养护、保养或修理外,最终消费者正常使用该产品时,集成到复杂产品的部件是可见的;

b) 部件的可视技术特征符合新颖性和独特性的条件。

复杂产品指由多个可替换部件组成的产品。

L.511-6 条

(2001 年 7 月 25 日 2001-670 号法令)

通过出版、使用或其他方式向公众公开的,视为外观设计的公开。在提交注册申请日或要求的优先权日以前,根据所涉领域通常的商业惯例,欧洲共同体内执业的专业人员未能合理地知晓该外观设计的,不丧失新颖性。

然而,附加明示或暗示的保密条件地向第三人公开外观设计的,不视为向公众的公开。

在提交注册申请日或要求的优先权日以前 12 个月内,有下列情形之一的,不丧失新颖性:

a) 创作者或其权利义务继承人,或第三人根据创作者或其权利义务

继承人提供的信息或已完成的行为,公开外观设计的;

b)或违背创作者或其权利义务继承人的意志公开外观设计的。

本条规定的 12 个月时限不适用于 2001 年 10 月 1 日以前的公开行为。

L.511-7 条

(2001 年 7 月 25 日 2001-670 号法令)

违反公共秩序或社会公德的外观设计不受保护。

L.511-8 条

(2001 年 7 月 25 日 2001-670 号法令)

下列外观不受保护:

a)外观的技术特征仅仅标识产品的技术用途的;

b)产品外观的形状和尺寸必须精确地复制,使其得以,通过在允许每个产品行使其功能的条件下的接触、啮合、内部或外部放置,在机械上与另一产品相连。

然而,目的是允许与在模制机组中可替换的产品组装或多头连结的外观设计,可以受到保护。

第二节 保护的权利

L.511-9 条

(2001 年 7 月 25 日 2001-670 号法令)

本卷规定的外观设计的保护通过注册获得。创作人及其权利和义务继承人享有该保护。

如无相反证据,注册申请人视为该保护的受益人。

L.511－10 条

（2001 年 7 月 25 日 2001－670 号法令）

申请注册的外观设计侵犯第三人权利或违反法定或约定义务的，利害关系人可起诉追索其所有权。

所有权追索的诉讼时效，为外观设计注册公告之日起 3 年内，或者，注册证颁发或外观设计取得时系恶意的，为保护期失效之日起 3 年内。

L.511－11 条

（2001 年 7 月 25 日 2001－670 号法令）

除法国签署的国际条约另有规定外，对未在欧洲共同体成员国或欧洲经济区成员国领土上定居或拥有住所的外国人的外观设计的保护，实行对等原则。

第二章　外观设计的注册

第一节　注册申请

L.512－1 条

（2001 年 7 月 25 日 2001－670 号法令）

申请人住所或公司所在地在巴黎或不在法国的，应向国家工业产权局提交申请，否则无效。

申请人住所或公司所在地在法国但不在巴黎的，可选择向国家工业产权局或商事法院书记处，或者，没有商事法院的，向有商事裁决权的法院书记处提交申请。

注册申请向法院书记处提交的，该书记处将全部申请件转交国家工业产权局。

L.512－2 条

（1994 年 2 月 5 日 94－102 号法律）

（2001 年 7 月 25 日 2001－670 号法令）

申请按照本卷规定的形式和条件提交。

申请中应包括申请人身份及一个或多个申请保护的外观设计的复制品，否则不予受理。

如有下列情形，申请予以驳回：

1) 不符合规定的形式和条件；
2) 其公告有害公共秩序或社会公德。

申请人没有事先被要求修正申请或提出意见的，不得驳回其申请。

对属于经常更新其产品的外形及装饰的工业的外观设计，申请可在行政法院法规规定的条件下以简易方式进行。最迟在预计公告前 6 个月仍不符合该法规规定的一般要求的，宣告该申请所生权利灭失。

L.512－3 条

（2001 年 7 月 25 日 2001－670 号法令）

未遵守规定时限而有正当理由的，申请人或注册人可恢复其所丧失的权利。

第二节　注册的无效

L.512－4 条

（2001 年 7 月 25 日 2001－670 号法令）

有以下情形的，由法院裁定外观设计注册无效：

a) 外观设计不符合 L.511－1 条至 L.511－8 条规定的；

b) 其权利人不得享有 L.511－9 条规定的保护的；

c) 该外观设计与在先外观设计冲突的,且在先外观设计在申请注册日以后,或者申请优先权的、在优先权日以后已经公开,且在先设计在先受到共同体外观设计、法国外观设计或指定法国的国际外观设计的注册,或者这些外观设计的注册申请的保护;

d) 外观设计侵犯第三人著作权的;

e) 未经他人允许,擅自在该外观设计中使用受保护的在先的识别性标志。

b)、c)、d)和 e)规定的无效理由仅可由所涉权利的权利人提出。

检察院可基于任何无效理由,自主提起外观设计无效诉讼。

L.512-5 条

(2001 年 7 月 25 日 2001-670 号法令)

无效理由仅涉及外观设计一部分的,修正后,外观设计仍具备授权条件且特征得以保留的,经修正的外观设计的注册可以维持。

L.512-6 条

(2001 年 7 月 25 日 2001-670 号法令)

判令外观设计全部或部分无效的法院裁定具有绝对效力。裁定录入 L.513-3 条规定的国家注册簿。

第三章 注册赋予的权利

L.513-1 条

(2001 年 7 月 25 日 2001-670 号法令)

保护期为申请日起 5 年,每 5 年可延长一次,但最长不得超过 25 年。

2001 年 10 月 1 日之前申请的外观设计,保护期为申请日起 25 年,不得延长。2001 年 10 月 1 日之前已经申请延期 25 年的外观设计继续保护到前满之日。

L.513-2 条

(2001 年 7 月 25 日 2001-670 号法令)

在不与其他法律规定的权利,尤其是不与本法典第一和第三卷规定的权利相冲突的前提下,外观设计的注册赋予其所有者可转让或许可使用的所有权。

L.513-3 条

(2001 年 7 月 25 日 2001-670 号法令)
(2008 年 8 月 4 日 2008-776 号法律)

任何对申请的外观设计权利的修改或转让,未在外观设计国家登记簿登记的,不得对抗第三人。

第三人在上述行为进行之后、登记之前获得相关权利,并在获取权利时知晓该行为的,该行为可对抗该第三人。

未登记到外观设计国家登记簿的许可合同的被许可人,同样可以加入由外观设计所有人提起的侵权诉讼中,以获得其自身遭到的损害赔偿。

L.513-4 条

(2001 年 7 月 25 日 2001-670 号法令)

未经外观设计所有人允许,不得生产、许诺销售、投放市场、进口、出口、使用或以前述行为为目的的持有该外观设计的产品。

L.513-5 条

(2001 年 7 月 25 日 2001-670 号法令)

外观设计注册获得的保护,延展到所有不会让知情观察者产生不同的整体视觉感受的外观设计。

L.513 – 6 条

（2001 年 7 月 25 日 2001 – 670 号法令）

外观设计注册所赋予的权利不得对抗以下行为：

a）以私人名义，且以非商业为目的而完成的行为；

b）以试验为目的完成的行为；

c）以演示或教学为目的的复制行为，注明注册状态和权利人名称，符合正当的商业惯例，并不得损害外观设计的正常使用。

L.513 – 7 条

（2001 年 7 月 25 日 2001 – 670 号法令）

不得对以下情形行使外观设计注册所赋予的权利：

a）对临时进入法国领土的，在其他国家注册的船只或航空器上安装的设备；

b）为维修这些船只或航空器或在维修时进口到法国的零部件或配件。

L.513 – 8 条

（2001 年 7 月 25 日 2001 – 670 号法令）

带有外观设计的产品被外观设计所有人或经其允许投放到欧洲共同体或欧洲经济区市场的，外观设计注册专用权不得延展到与这些产品相关的行为。

第四章 其他规定

L.514-1 条

(2001 年 7 月 25 日 2001-670 号法令)

需要时,行政法院的法规制定本卷的实施条件。

L.514-2 条

(2001 年 7 月 25 日 2001-670 号法令)

专门针对某些产业的行政规章可以规定必要的措施,以允许企业,尤其通过持有经国家工业产权局认可的私人注册簿,使其外观设计优先使用权得到确认。

第五章 共同体外观设计

L.515-1 条

(2007 年 10 月 29 日 2007-1544 号法律)

任何对共同体外观设计的 2001 年 12 月 12 日理事会第(CE)6/2002 号条例第 19 条规定的权利的侵犯,均构成侵权,侵权人需承担民事责任。

第二编 纠纷

第一章 国内外观设计纠纷

L.521-1 条

(2007 年 10 月 29 日 2007-1544 号法律)

任何对 L.513-4 条至 L.513-8 条规定的外观设计所有人权利的侵犯,均构成侵权,侵权人需承担民事责任。

外观设计申请后、注册公告前的行为,不视为对其权利的侵犯。

注册申请已通告当事人的,可就通告后、注册公告前的行为,追究其责任。

L.521-2 条

(2007 年 10 月 29 日 2007-1544 号法律)

外观设计所有人有权提起民事侵权诉讼。

除许可合同有相反约定外,经催告后,外观设计所有人不提起侵权诉讼的,独占使用权的受益者可以行使该项权利。

许可合同的所有当事人,可以加入由另一方当事人提起的侵权诉讼中,以获得其自身遭到的损害赔偿。

L.521-3 条

(2007 年 10 月 29 日 2007-1544 号法律)

民事侵权诉讼的时效为自侵权行为发生之日起 3 年内。

L. 521 – 3 – 1 条

（1994 年 2 月 5 日 94 – 102 号法律）

（2007 年 10 月 29 日 2007 – 1544 号法律）

（2008 年 8 月 4 日 2008 – 776 号法律）

（2011 年 5 月 17 日 2011 – 525 号法律）

即使同时涉及相关联的不正当竞争问题，外观设计相关的民事诉讼和请求仅由行政法规确定的大审法院受理。

前述规定不妨碍依民法典第 2059 条和第 2060 条要求仲裁。

L. 521 – 4 条

（1994 年 2 月 5 日 94 – 102 号法律）

（2000 年 9 月 19 日 2000 – 916 号法令）

（2004 年 3 月 9 日 2004 – 204 号法律）

（2007 年 10 月 29 日 2007 – 1544 号法律）

侵权行为可以任何方式证明。

任何有权提起侵权诉讼的人，有权依据有管辖权的民事法院的依申请作出的裁定，在任何地点，通过执达员，在原告指定的专家协助下，就侵权行为进行详细描述，可以提取或不提取样品，或者实际扣押被控侵权产品以及所有与之相关的文件。

同样以证明为目的，法院可以裁定实际扣押用于生产或销售被控侵权产品的原料和工具。

法院可在裁定这些措施时要求原告提供担保，用以确保侵权诉讼被宣告不成立或扣押措施被撤销时，被告获得可能的补偿。

原告在行政法规规定的时限内不提起民事或刑事诉讼的，财务被扣押者无须附加任何理由，即可申请撤销扣押裁定包括描述在内的全部内容，该申请亦不影响其要求损害赔偿。

L.521-5条

(1994年2月5日94-102号法律)

(2007年10月29日2007-1544号法律)

受理本编规定的民事诉讼的法院,为了确定侵犯原告权利的产品的来源和销售网络,可依申请,并根据需要使用逾期罚款规定,要求被告,或任何被发现持有侵权产品或提供被用于侵权行为的服务或被举报为这些产品的生产、制造或销售的参与者或这些服务的提供者的人,提供所有其持有的文件和信息。

如无合法阻碍,法院可裁定提供文件和信息。

前述文件和信息包含:

a) 生产者、制造者、销售者、供应商和其他曾经持有产品或服务的人员,以及收货批发商和零售商的名称和地址;

b) 生产、销售、交货、收到或订购的数量,以及涉案产品和服务的实际销售价格。

L.521-6条

(1994年2月5日94-102号法律)

(2007年10月29日2007-1544号法律)

任何有权提起侵权诉讼的人,可提请有管辖权的法院,根据需要使用逾期罚款规定,针对被控侵权人或为其提供服务的中间人采取任何措施,以预防即将发生的对证书赋予的权利的侵犯,或阻止被控侵权行为的继续。紧急情形要求无需对审即可采取措施的,尤其任何延误都可能对原告造成不可弥补的损失的,有管辖权的民事法院可依申请裁定任何紧急措施。依申请或紧急受理案件的法院,只有在原告正常可以提供的证据足以证明侵权行为或侵权行为即将发生的情况下,才得采取请求的措施。

法院可禁止继续进行被控侵权行为,要求提供担保金以确保对原告可能的补偿,或裁定扣押或提存被控侵犯证书授予权利的产品至第三人处,以阻止其进入或在商业渠道中流通。如果原告确能证明存在有损赔偿收回的情形,法院可保全扣押被控侵权人的动产和不动产,尤其可根据通行法律,判令冻结其银行账户或其他财产。为了确定扣押的财产范围,法院可要求提供银行、金融、会计或商业文件,或获取适当的信息。

对原告的损失无实质争议的,法院还可部分地先予执行。

依申请或紧急受理案件的法院,可在裁定这些措施时要求原告提供担保,用以确保侵权诉讼被宣告不成立或扣押措施被撤销时,被告获得可能的补偿。

停止侵权措施在诉讼前做出的,原告须在行政法规规定的时限内提起民事或刑事诉讼。否则,被告无须附加任何理由,即可申请撤销已采取的措施,该申请亦不影响其要求损害赔偿。

L.521-7条

(1994年2月5日94-102号法律)
(2003年8月1日2003-706号法律)
(2007年10月29日2007-1544号法律)

确定损害赔偿时,法院将参考受害人承受的包括预期收益损失在内的负面经济后果、侵权人获得的收益和权利人因侵权而遭受的精神损害。

但法院也可依受害人申请,改判不低于许可费或侵权人请求使用许可的应付费的数额固定的损害赔偿。

L.521-8条

(2007年10月29日2007-1544号法律)

民事侵权成立的,法院可依被害人申请判令,从商业渠道中召回并彻底去除、销毁或没收被认定侵权的产品、主要用于制造和生产侵权产品的原料和工具。

法院还可判令任何合理的判决公告措施，尤其是判决的布告，或全文或部分地在报纸上或在由法院指定的在线公共通信服务部门、根据法院确定的方式进行发表。

因前述两款所列的措施产生的费用，由侵权人承担。

L.521－9 条

（2007 年 10 月 29 日 2007－1544 号法律）

一经发现违反本法典 L.521－10 条的情事，司法警察可扣押非法制造、进口的、占有、提供销售或出售的制品及专门用于此类侵权的器材或工具。

L.521－10 条

（2007 年 10 月 29 日 2007－1544 号法律）

（2011 年 3 月 14 日 2011－267 号法律）

故意侵犯本卷保护的权利的行为处 3 年监禁及 30 万欧元的罚金。涉及团伙犯罪或网络犯罪，或涉及危及人体和动物的健康和安全的商品的，处 5 年监禁及 50 万欧元的罚金。

此外，法院可对违法侵权单位处不超过 5 年的全部或部分以及最终或临时停业。

临时停业不得取消或中止劳动合同，也不得给有关雇员带来任何经济损失。当最终停业造成辞退人员的，除支付预定赔偿及辞退赔偿外，还应按劳动法典关于劳动合同中断的 L.122－14－4 条及 L.122－14－5 条赔偿损失。违者处 6 个月监禁及 3750 欧元的罚金。

L.521－11 条

（2007 年 10 月 29 日 2007－1544 号法律）

犯有 L.521－10 条第一款所列罪名的自然人，除被刑事处罚以外，还需从商业渠道召回已被认定的侵权产品以及任何曾用于或将用于犯罪的物品,并承担全部费用。

法院可判令被告付费销毁或交付被害人已从商业渠道召回的或没收的产品和物品,并不影响损害赔偿的确定。

法院还可判令被告按刑法典131-35条规定的条件付费张贴或传播处罚判决书。

L.521-12条

(2007年10月29日2007-1544号法律)
(2009年5月12日2009-526号法律)

在刑法典121-2条规定的条件下,被判处L.521-10条第一款界定的罪名的法人,承受除根据刑法典131-38条所列形式确定的罚金以外的、刑法典131-39条所列的刑罚。

刑法典131-39条的2)中所述禁止涉及经营活动或违法时的经营。

被判处承担刑事责任的法人,除被刑事处罚以外,还需从商业渠道召回已被认定的侵权产品以及任何曾用于或将用于犯罪的物品,并承担全部费用。

法院可判令被告付费销毁或交付被害人已从商业渠道召回的或没收的产品和物品,并不影响损害赔偿的确定。

L.521-13条

(2007年10月29日2007-1544号法律)

侵犯本卷保护的权利的累犯,或同受害人有或有过协议的初犯加倍处罚。

此外,可在不超过5年内剥夺罪犯的商事法院、工商会、行业协会、劳资协会的选举权和被选举权。

L. 521 – 14 条

(2007 年 10 月 29 日 2007 – 1544 号法律)

除现行共同体法规规定情形外,海关管理部门依外观设计所有人或独占使用权受益人的书面请求及附上的权利证明,可在其检查范围内扣留申请人指控侵权的货物。

海关管理部门立即将扣留情况通报共和国检察官、申请人或货物申请人或占有人。

涉及第二款所述的通知的,注册外观设计所有人或独占使用权受益人可获知货物的性质和实际或估计的数量,而不必遵守海关法典第 59 条之二的规定。

申请人自货物扣留通知之日起 10 个工作日内,或涉及易腐食品的,在 3 个工作日内,不能向海关管理部门做到下列情况的,扣留决定自动失效:或者有管辖权的民事法院判令的保全措施;或者提起民事或刑事诉讼并提供担保,以承担侵权被确认不成立时对货物持有者可能的补偿。

扣留措施或有管辖权的民事法院判令的保全措施相关的费用,由申请人承担。

为提起第四款涉及的诉讼,申请人可从海关管理部门获知货物的发运人、进口人及收货人或货物占有人的名称和地址以及货物数量、产地和来源,而不必遵守海关法典第 59 条之二有关海关管理人员必须保守职业秘密的规定。

以下情况不适用第一款规定的扣留:

——在欧洲共同体一个成员国内合法制造或销售的、经海事法典第 1 条界定的海关借道后,将投放到欧洲共同体另一个成员国市场并合法销售的欧洲共同体商品;

——在欧洲共同体另一个成员国内合法制造或销售的、在过境制度下、经海事法典第 1 条界定的海关过境后,将出口到欧洲共同体非成员国的欧洲共同体商品。

L.521－15 条

（2007 年 10 月 29 日 2007－1544 号法律）

除现行共同体法规规定情形外，注册外观设计所有人或独占使用权受益人没有提交书面申请的，海关管理部门也可在其检查范围内扣留涉嫌侵犯注册外观设计权或独占使用权的货物。

海关管理部门立即将扣留情况通报注册外观设计所有人或独占使用权受益人，以及共和国检察官。

涉及第二款所述的通知的，注册外观设计所有人或独占使用权受益人可获知货物的性质和实际或估计的数量，而不必遵守海关法典第 59 条之二的规定。

注册外观设计所有人或独占使用权受益人自本条第二款规定的扣留通知之日起 3 个工作日内，未提交 L.521－14 条规定申请的，扣留决定自动失效。

L.521－16 条

（2007 年 10 月 29 日 2007－1544 号法律）

Ⅰ.现行共同体法规规定的涉嫌侵犯注册外观设计的商品扣留，在注册外观设计所有人或独占使用权受益人提交扣留申请或申请被受理之前实施的，海关管理人员可不必遵守海关法典第 59 条之二的规定，通告该所有人或独占许可权受益人该措施的实施情况。海关管理人员还可向他们通报与商品数量和性质相关的信息。

现行共同体法规规定的涉嫌侵犯注册外观设计的商品扣留，在注册外观设计所有人或独占使用权受益人扣留申请被受理之后实施的，海关管理人员也可向该所有人或该受益人通报该共同体法规规定的、确权所必需的信息。

II. 现行共同体法规规定的扣留的实施所产生的费用,由注册外观设计所有人或独占使用权受益人承担。

L.521－17 条

(2007 年 10 月 29 日 2007－1544 号法律)

L.521－14 条至 L.521－16 条规定的扣留时限内,注册外观设计所有人或独占使用权受益人可依申请或应海关管理部门的要求,检查扣留商品。

检查扣留商品过程中,海关管理部门可提样。依注册外观设计所有人或独占使用权受益人申请,可允许其仅以分析为目的获取样品,以便其提起民事或刑事诉讼。

L.521－18 条

(2007 年 10 月 29 日 2007－1544 号法律)

为实施 L.521－14 条至 L.521－17 条规定的措施,海关管理人员行使海关法典赋予其的权力。

L.521－19 条

(2007 年 10 月 29 日 2007－1544 号法律)

行政法院法规确定 L.521－14 条至 L.521－18 条规定的措施的实施细则。

第二章　共同体外观设计纠纷

L.522－1 条

(2001 年 7 月 25 日 2001－670 号法令)

本编第一章的规定适用于侵犯共同体外观设计所有人权利的行为。

L.522 – 2 条

（2001 年 7 月 25 日 2001 – 670 号法令）

行政法院法规确定,2001 年 12 月 12 日理事会第(CE)6/2002 号条例第 80 条规定的,共同体外观设计诉讼和请求(包括同时涉及相关联的不正当竞争问题)的一审和上诉法院的设置和管辖范围。

第六卷　发明及技术知识的保护

第一编　发明专利

第一章　适用范围

第一节　通则

L.611-1 条

（1996 年 12 月 18 日 96-1106 号法律）

（2008 年 6 月 3 日 2008-518 号法律）

任何发明可成为国家工业产权局局长颁发的工业产权证书的标的，该证书赋予其所有人及其权利继受人独占使用权。

证书的颁发将导致 L.612-21 条规定的法定公开。

在不影响保护工业产权巴黎公约规定适用的情况下，住所或营业所不在本编适用领土内的外国人可享受本编的权益，条件是该外国人国籍国给予法国人互惠保护。

除法国承担的国际义务有相反约定外，本条规定适用于，在外层空间中，包括在依据 1967 年 1 月 27 日关于各国探索和利用外层空间包括月球与其他天体活动所应遵守原则的条约第 8 条受国内法律管辖的天体上或太空物体上或其内部，实现的或使用的发明。

L.611-2 条

保护发明的工业产权证书为：

1) 发明专利,保护期为申请提交之日起 20 年;

2) 实用证书,保护期为申请提交之日起 6 年;

3) 补充保护证书,该证书按 L.611-3 条规定的条件依附于已有专利,自该专利法定届满之日起生效,最长不超过该日起 7 年及该条中所述市场准销许可颁发之日起 17 年。

本卷有关专利的规定,除 L.612-14 条、L.612-15 条及 L.612-17 条第一款的规定外,均适用于实用证书;除 L.611-12 条、L.612-1 条至 L.612-10 条、L.612-12 条至 L.612-15 条、L.612-17 条、L.612-20 条、L.613-1 条及 L.613-25 条规定外,亦适用于补充保护证书。

L.611-3 条

在法国生效的发明专利的标的为药品、获取药品的方法、获取药品必需的产品或制造这一产品的方法的,如这些药品方法及产品用于制作一种作为按公共健康法典 L.601 条或 L.617-1 条取得市场准销许可标的的药品时,可依本卷及行政法院法规规定的形式和条件,自市场准销许可颁发之日就专利中与该许可相应的部分取得补充保护证书。

L.611-4 条

1979 年 7 月 1 日前提交的专利申请和专利仍适用提交之日的规定。

但该专利或专利申请所产生的权利的行使及 1979 年 7 月 1 日前未拟写出首次审查意见草案的专利申请的审理适用本卷规定。

L.611-5 条

1990 年 11 月 26 日有关工业产权的 90-1052 号法律生效前申请的增补证书适用申请之日的规定。

但产生权利的行使适用本卷规定。

第二节　证书权

L.611-6条

取得L.611-1条所述工业产权证书的权利属于发明人或其权利继受人。

数人独立完成同一发明的,取得工业产权证书的权利属于最早提交申请者。

在与国家工业产权局局长的程序中,申请人被视为有权取得工业产权证书。

L.611-7条

(1994年2月5日94-102号法律)

发明人是雇员的,除有更有利于该雇员的约定,取得工业产权证书的权利依下列规定确定:

1) 雇员执行一个包含有与其实际职责相应的发明任务的工作合同,或从事雇主明确赋予的研究和开发任务而完成的发明属于雇主。完成这一发明的雇员享受额外报酬的条件,由集体合同、企业协议及单独的劳务合同确定。

雇主没有参加有关的集体合同的,与额外报酬有关的一切争议由L.615-21条设立的调解委员会或大审法院解决。

2) 其他一切发明属于雇员。但雇员是在执行职务的过程中或在企业经营领域内,或因了解或使用企业独有的技术或手段,及由企业提供的数据完成发明的,雇主有权依行政法院法规确定的条件及期限,获得全部或部分保护其雇员发明的专利权的所有权或用益权。

雇员应获得合理的价金,该价金双方协商不成时,由L.615-21条设立的调解委员会或大审法院确定:委员会或法院应考虑所有提供给它的材料,尤其是由雇主及雇员提供的材料,并根据双方的独特贡献及发明的工商业效用,计算合理的价金。

3) 雇员发明人应依法规规定的方式及期限将发明通知雇主,并由雇主出具收据。

雇员和雇主应互相交换关于某一发明所有有用的情况。他们均不得进行任何可能全部或部分危及本卷赋予权利行使的披露。

雇员与雇主达成的有关雇员发明的一切协约应以书面为之,否则无效。

4) 本条的实施方式由行政法院的法规确定。

5) 根据行政法院的法规确定的方式,本条规定同样适用于国家、公共机关及所有其他公法法人的人员。

L. 611 – 8 条

窃取发明人或其权利继受人的发明,或违反法定或约定的义务申请工业产权证书的,受损害人可提起诉讼要求追还该申请或颁发的证书的所有权。

追还诉讼的时效期间为工业产权证书颁发公告之日起 3 年。

但如能证明证书的颁发或取得之时系出于恶意的,时效期间为证书满期之日起 3 年。

L. 611 – 9 条

无论是雇员或非雇员的发明人,均应在专利中被标明其为发明人;他也可以反对标注其为发明人。

第三节　可授予专利的发明

L.611-10 条

（2004 年 12 月 8 日 2004-1338 号法律）

（2008 年 8 月 4 日 2008-776 号法律）

1) 在任何技术领域，具有创造性和工业实用性的新发明可授予专利。

2) 以下所列尤其不视为前款所称发明：

a) 发现、科学理论和数学方法；

b) 美学创作；

c) 在游戏或经济活动中进行智力活动的方案、原理及方法，以及计算机程序；

d) 信息的展示。

3) 本条第二款的规定只在专利申请或专利仅涉及所列举的要素本身的情况下排除授予其专利的可能。

4) 在符合 L.611-16 条至 L.611-19 条的前提下，涉及全部或部分由生物材料构成的产品，或涉及制造、处理或使用生物材料方法的发明，根据第一款所列条件，可授予专利。

前述生物材料，指包含基因信息的，并能自我繁殖或在生物系统中繁殖的材料。

L.611-11 条

（2008 年 8 月 4 日 2008-776 号法律）

未包含在现有技术状况的发明具有新颖性。

现有技术状况是指在专利申请之日前通过书面或口头描述、使用或任何其他手段而为公众所知悉的一切情况。

在本条第二款中所述日期之前申请，并在该日或该日之后公布的法国专利申请、指定法国的欧洲或国际专利申请，其提交时的内容亦属现有技术状况。

包含在现有技术状况中的物质或成分，在实施 L.611-16 条所指方法时，只要将其用于任意一种方法并未包含在现有技术状况中，第二、三款并不排除授予其专利的可能。

第四款所指物质或成分，在实施 L.611-16 条所指的任何方法时，只要该使用并未包含在现有技术状况中，第二、三款亦不排除授予其专利的可能。

L.611-12 条

（1996 年 12 月 18 日 96-1106 号法律）

初次申请是在巴黎联盟或世界贸易组织之外的国家提交时，只有该国赋予首次提交的法国专利申请或指定法国的国际申请或欧洲专利以相应优先权的，才可以赋予该申请具有巴黎公约规定的相应效力的优先权。

L.611-13 条

为实施 L.611-11 条，发明的泄露在下列两种情况不予考虑：

——在专利申请日前 6 个月内发生的泄露。

——在申请日后因公布在先专利申请导致的泄露，而这种情况直接或间接是因为：

a）对发明人或其合法的前任有明显权利滥用；

b）在已修订的 1928 年 11 月 22 日在巴黎签订的国际展览公约意义上的官方展览或官方承认的展览上，由其将发明展出的。

但在后一种情况下，申请时应声明发明已展出并按法规规定的期限和条件提供证明。

L.611-14 条

如一项发明对于所属技术领域的技术人员不是显而易见地从现有技术状况中产生的,该发明即具有创造性。现有技术状况包含 L.611-11 条第三款所指材料的,该材料在判定是否具有创造性时不予考虑。

L.611-15 条

一项发明如果可以在各项工业,包括农业中制造或使用,即被视为具有工业实用性。

L.611-16 条

(2008 年 8 月 4 日 2008-776 号法律)

人体或动物的外科治疗或处理方法不被视为发明。本规定对实施该方法的产品,尤其是物质或成分不适用。

L.611-17 条

(1994 年 7 月 29 日 94-653 号法律)

(2004 年 8 月 6 日 2004-800 号法律)

以下所列不得授予专利:商业使用将违反人身尊严、公共秩序或社会公德的发明,该违反不得仅仅源于该使用为法律或法规所禁止。

L.611-18 条

(2004 年 8 月 6 日 2004-800 号法律)

对处于不同构成和发展阶段的人体,以及单纯发现其组成部分之一,包括基因的全部或部分序列,不得授予专利。

只有涉及人体组成部分的功能的技术应用的发明可通过专利获得保护。该保护只在实施和使用该特殊应用必要的情况下覆盖人体组成部分。前述保护须在发明申请中详细具体地描述。

以下所列不得授予专利：

a）人类克隆技术；

b）人类身份基因修改技术；

c）以工商业为目的的人类胚胎的使用；

d）基因的全部或部分序列本身。

L.611－19 条

（2004 年 8 月 6 日 2004－800 号法律）

Ⅰ. 以下所列不得授予专利：

1）动物品种。

2）1994 年 7 月 27 日理事会（CE）2100/94 号关于建立共同体植物品种保护制度的法令第 5 条定义的植物品种。

3）用来获取植物和动物的，以生物为主的技术；前述技术，指仅使用自然现象的技术，如杂交或者选种。

4）会引起动物痛苦，且对人类或动物没有实质的医疗效用的，动物身份基因修改技术，以及通过该技术获取的动物。

Ⅱ. 尽管有本条Ⅰ的规定，如果发明的技术可行性不局限于特定的植物或动物品种，涉及植物和动物的发明可授予专利。

Ⅲ. 本条Ⅰ3）的规定不影响尤其以微生物技术方法或以通过该方法获取的产品为内容的发明获得专利；微生物方法，指使用或制造生物材料或在这种材料上采取措施的任何方法。

第二章　申请的提交和审理

第一节　申请的提交

L. 612 – 1 条

（1994 年 2 月 5 日 94 – 102 号法律）

根据本章规定并由法规明确的形式和条件提交专利申请。

L. 612 – 2 条

（2008 年 12 月 11 日 2008 – 1301 号法令）

专利申请提交日为申请人提交齐包括以下各项的文件之日：

a）提出申请专利的指示；

b）能识别申请人并与其沟通的信息；

c）说明书，即使其不符合本编的其他要求，或根据行政法规确定的条件对在先申请的引用。

L. 612 – 3 条

两份专利申请由同一发明人或其权利继受人在最长 12 个月内连续提交的，申请人可要求第二份申请就两份申请的共同部分享有第一份申请的提交日。

两份申请中如果有一份已要求过基于前一个国外申请的优先权的，上述要求不得受理。如果第一份申请按第一款已享有数个申请提交日且其中已有一个超出 12 个月的，上述要求不得受理。

颁发一个根据本条享有在先申请提交日的专利，即导致初次申请中该共同部分效力终止。

L.612-4 条

一份专利申请只能涉及一个发明或一组发明,该组发明须相互联系组成一个总的发明构思。

不符合前款规定的申请应在规定时间内进行分案处理;分案申请享有原申请的申请提交日及可能的优先权日。

L.612-5 条

(2004 年 12 月 8 日 2004-1338 号法律)

专利申请书必须足够清楚和完整地阐述发明,以使所属技术领域的技术人员得以实施该发明。

涉及公众无法接触的生物材料的发明,描述无法使所属技术领域的技术人员得以实施该发明的,只有向授权机构备案该生物材料,该描述才被视为充分。备案向公众开放的条件由行政法院法规确定。

L.612-6 条

权利要求应界定要求保护的范围。权利要求应当简短明确并以说明书为依据。

L.612-7 条

(2008 年 12 月 11 日 2008-1301 号法令)

1) 专利申请人欲主张前次申请优先权的,应在法规规定的条件和时间内提交优先权声明并证明前次申请的存在。

2) 可以就同一申请要求数个优先权,即使来自不同国家。可能的话,可以就同一权利要求要求优先权。要求数个优先权的,期限自作为优先权日的起点最早的优先权日计算。

3) 已就专利申请要求一个或数个优先权的,优先权仅包括要求优先权的申请部分。

4）已要求优先权的发明的某个部分未在在先申请的权利要求中出现的,只需在先申请的全部文件明确反映出该部分即可授予优先权。

5）优先权的效力在于,优先权日在适用 L.611-11 条第二、三款时视为专利申请提交日。

第二节 申请的审理

L.612-8 条

国防部长可向国家工业产权局秘密了解专利申请。

L.612-9 条

未经授权,已申请专利的发明不得自由披露和使用。

在同样阶段,发明申请不得公开,未经授权其副本不得发布,L.612-14 条、L.612-15 条及 L.612-21 条1)中所述程序不得开始。

在不影响 L.612-10 条的情况下,第一款所指授权可在任何时候颁发。专利申请提交之日起 5 个月期满后,该授权自动取得。

本条第一、二款所指授权由工业产权主管部长在听取国防部长的意见后颁发。

L.612-10 条

在 L.612-9 条第二款规定的期限期满前,该条第一款规定的禁令可应国防部长的请求延长 1 年并可再续,延长的禁止可依同样条件随时取消。

根据本条延长禁止造成损失的,应赔偿专利申请人。协商不成的,赔偿额由大审法院确定。在各个审级,均不进行公开审理。

在确定赔偿额的终审判决生效 1 年后,专利所有人可要求修改前款确定的赔偿。

专利所有人须证明其所受损失高于法院的估计。

L.612－11 条

国家工业产权局局长审查专利申请是否符合 L.612－12 条所指法律法规的规定。

L.612－12 条

(1994 年 2 月 5 日 94－102 号法律)

(2004 年 12 月 8 日 2004－1338 号法律)

(2008 年 8 月 4 日 2008－776 号法令)

任何申请如有下列情事即全部或部分驳回：

1) 不符合 L.612－1 条所列条件的；

2) 未按 L.612－4 条分案处理的；

3) 分案申请内容超出原申请说明书的范围的；

4) 按 L.611－16 条至 L.611－19 条发明标的明显不得授予专利的；

5) 其标的明显不得视为 L.611－10 条 2) 意义上的发明；

6) 说明书或权利要求不足以实施 L.612－14 条规定的；

7) 经检索报告明确提示缺乏新颖性的，催告后未作修改的；

8) 权利要求没有以基于说明书为依据的；

9) 在 L.612－14 条规定的制定检索报告的过程中，申请人在需要时，未提出意见也未提交新的权利要求的。

驳回理由只部分涉及专利申请的，仅驳回相应的权利要求。

申请与 L.611－17 条、L.611－18 条、L.611－19 条或 L.612－1 条部分不合的，则依职权删除说明书及附图中相应的部分。

L.612-13 条

（1994 年 2 月 5 日 94-102 号法律）

自申请提交之日至开始 L.612-14 条规定报告的预先资料检索之日，申请人可提交新的权利要求。

直至实用证书颁发之日，其申请人可提交新的权利要求。

自根据 L.612-21 条 1)进行专利申请公告之日起，并在法规规定的期限内，任何第三人可就申请发明是否具有 L.611-11 条及 L.611-14 条意义上的专利性向国家工业产权局交送书面意见。国家工业产权局将此意见通知申请人，申请人在法规规定的期限内可提出相应意见或提出新的权利要求。

L.612-14 条

在不影响 L.612-15 条规定的情况下，如专利申请已获得提交日期，将对该申请制定检索报告。检索报告应反映现有技术可用来评判发明在 L.611-11 条、L.611-14 条意义上是否可授予专利。

该报告依法规规定的条件制定。

L.612-15 条

（2008 年 12 月 11 日 2008-1301 号法令）

申请人可在法规规定的条件下将专利申请转换为实用证书申请。

L.612-16 条

（2008 年 12 月 11 日 2008-1301 号法令）

未遵守国家工业产权局时限的申请人，如有正当理由且时限的未遵守直接导致专利申请或要求被驳回、专利申请失效或其他任何权利丧失的，可申诉要求恢复其权利。

申诉应在障碍停止2个月内向国家工业产权局局长提起。未完成的行为应在此期间同时完成。申诉在未遵守期限届满之日起1年内才可以被受理。

申诉涉及未缴年费的,未遵守期限可被理解为 L.612－19 条第二款规定的宽限期,国家工业产权局局长仅在截止权利恢复日应付的年费已经在法规规定的时限内缴清的条件下,恢复其权利。

本条规定不适用于第二、三款,L.612－16－1 条规定的时限,以及法规规定的优先权声明的递交和更正时限,也不适用于保护工业产权巴黎公约第4条规定的优先权期限。

L.612－16－1 条

(2008年12月11日 2008－1301号法令)

未遵守国家工业产权局根据工业产权保护巴黎公约第4条制定的优先权时限的申请人,如有正当理由,可申诉要求恢复其权利。

超过所主张优先权的在先申请1年后提交的发明申请,应在优先权时限失效之日起2个月内完成。

申诉同样应在优先权失效2个月内向国家工业产权局局长提起。然而,在发明申请公告技术准备工作已经完成后提交的申诉,不予受理。

L.612－17 条

(2008年12月11日 2008－1301号法令)

完成 L.612－14 条规定程序的,授予专利。

颁发的所有证书包括说明书,可能的附图,权利要求书,并在涉及专利时,包括一份检索报告。

L.612－18 条

通信正常运转中断的,自中断之日起生效的法规,可规定相对于国家工业产权局的时限在整个中断期间中止计算。

L.612-19 条

（2008 年 12 月 11 日 2008-1301 号法令）

所有专利申请或专利均须最迟在行政法院确定的期限交纳年费。

未在前款规定的期限交纳年费的，可在 6 个月的宽限期内交纳，同时还需交纳补充规费。

L.612-20 条

（2005 年 7 月 26 日 2005-842 号法律）

申请人属于以下类别之一的，申请费、审查费、专利证颁发费以及年费可予以减扣：

——自然人；

——中小企业；

——教育科研领域的非营利性组织。

前述减免依申报获得。通过对审程序，国家工业产权局局长可依据 L.411-4 条规定的条件，随时裁决认定申报是虚假的。该裁定同时处以行政罚金，其金额不得超过应付费用的 10 倍，其收益上缴国家工业产权局。

第三节　发明的法定公开

L.612-21 条

国家工业产权局在行政法院规定的条件下，通过在工业产权官方公告上刊登，通过将全文提供公众使用，或通过数据库传播或信息载体的传送确保公布：

1）自申请日或在要求优先权的情况下自优权日起 18 个月期满或期

满前应申请人的要求,全部专利申请或实用证书申请资料;

2）公布全部补充保护证书附以证书所依附的专利申请,或该申请已公告时,在申请证书中标注其依附的专利;

3）公布后续程序中的文件;

4）公布这些证书之一的颁发;

5）公布 L.613-9 条所述文件;

6）公布 L.611-3 条提到的许可时间并标注相应的专利。

L.612—22 条

L.612-21 条规定适用于欧洲专利申请及欧洲专利。

L.612-23 条

应任何利害关系人的请求或任何管理机关的要求,国家工业产权局出具一份引述可能用以评判发明在 L.611-11 条及 L.611-14 条意义上是否有专利性的现有技术状况各要素的审查报告。

第三章　专利权

第一节　专用权

L.613-1 条

L.611-1 条所指专用权自申请提交日起生效。

L.613-2 条

（2008 年 8 月 4 日 2008-776 号法律）

专利授予的保护范围由权利要求书确定。但说明书及附图用以解释权利要求书。

专利标的为方法的,专利授予的保护及于直接由该方法获得的产品。

L.613-2-1条

(2004年8月6日2004-800号法律)

涉及基因序列的权利要求书的范围,局限于该序列与说明书中详细展示的特殊功能直接相关联的部分。

涉及基因序列的专利注册产生的权利,不得对抗在后的涉及同一序列的权利要求,只要该权利要求满足L.611-18条的条件并展示该序列的另一个特殊实施例。

L.613-2-2条

(2004年12月8日2004-1338号法律)

在符合L.613-2-1条和L.611-18条规定的情况下,专利赋予含有基因信息或由基因信息组成的产品的保护,延展到所有内置该产品的,且含有行使指定功能的基因信息的材料。

L.613-2-3条

(2004年12月8日2004-1338号法律)

专利赋予因发明具有特定属性的生物材料的保护,延展到所有通过复制或繁殖从该生物材料获取的,并具有相同属性的生物材料。

专利赋予允许制造因发明具有特定属性的生物材料的方法的保护,延展到直接通过该方法获取的生物材料,以及任何其他通过复制或繁殖从该生物材料获取的,并具有相同属性的生物材料。

L.613-2-4条

(2004年12月8日2004-1338号法律)

复制或繁殖是为将生物材料投放市场而使用的必然结果的,且获取的材料未被用于其他复制和繁殖的,L.613-2-2条和L.613-2-3条规定的保护,不延展到通过复制或繁殖从某生物材料获取的,由专利权人或经其同意投放欧洲共同体或欧洲经济区成员国市场的生物材料。

L.613-3条

未经专利人同意,禁止:

a) 制造、提供、投入商业、使用或为上述目的进口或占有专利产品;

b) 使用专利方法,或在第三人明知或实际情况明显表明,未经专利人同意禁止使用该方法的,在法国领土上提供该方法的使用;

c) 提供、投入商业、使用或为上述目的进口或占有直接由专利方法获得的产品。

L.613-4条

1) 未经专利人同意,同样禁止在法国领土上向一个无权使用专利发明的人提供或试图提供在该领土上实施与发明的基本要素有关的发明的手段,如果第三人明知或实际情况明显表明这些手段适于这种实施的。

2) 1)的规定在实施的手段是商业中常用产品时不适用,除非第三人引诱他的供应对象从事 L.613-3 条禁止的行为。

3) 完成 L.613-5 条中 a)、b)、c)所指行为者,不被视为第一款意义上有权使用发明之人。

L.613-5条

(2007年2月26日2007-248号法律)

(2008年6月3日2008-518号法律)

(2011年12月29日2011-2012号法律)

专利授予的权利不包括:

a) 在私人范围内且非商业的使用;

b) 有关已获专利发明的实验性行为；

c) 根据医生处方，在药房内临时性的和少量的药物制造及此种制药活动；

d) 药品市场准入的获取所必须的研究和实验，以及所有为实施和许可的获取而必须的行为；

d）之二 为获取公共健康法典 L.5122－9 条规定的公告许可而必须进行的行为；

e) 进入法国领土的旨在投放外层空间的物体。

L.613－5－1 条

（2004 年 12 月 8 日 2004－1338 号法律）

作为 L.613－2－2 条和 L.613－2－3 条规定的例外，由专利权人或经其同意，将植物培育材料售予以农业生产为目的的农民或进行的其他商业行为，意味着该农民被授权使用其收获的产物，用以在其自己的生产中通过自己进行培育或繁殖。

该使用的条件与 1994 年 7 月 27 日关于建立共同体植物品种保护制度的 2100/94（CE）法令第 14 条规定的条件相同。

L.613－5－2 条

（2004 年 12 月 8 日 2004－1338 号法律）

作为 L.613－2－2 条和 L.613－2－3 条规定的例外，由专利权人或经其同意，将畜养动物或动物培育材料售予农民或进行的其他商业行为，意味着该农民被授权，在需要时通过付费方式，使用受保护的家畜用作农业相关用途。该授权包含使用动物或动物培育材料以继续其农业相关行为，但不包含商业培育行为框架内的销售。

L.613-5-3条

(2004年12月8日2004-1338号法律)

L.613-2-2条和L.613-2-3条规定权利不延展到为创造或发现和发展其他植物品种而完成的行为。

L.613-6条

(1993年12月31日93-1420号法律)

对专利人或经其明确同意已投放法国或欧洲经济空间协定成员国市场的产品,专利权不得延伸到在法国领土上完成的由该专利覆盖的产品的行为。

L.613-7条

(1996年12月18日96-1106号法律)

在本卷适用的领土上,任何人于专利申请提交日或优先权日已善意占有有关专利所保护的发明的,可以个人名义使用该发明而不问该专利的存在。

本条承认的权利只可与其所依附的营业资产、企业或部分企业一同转让。

第二节 权利的转让及丧失

L.613-8条

系于专利申请或专利的权利可全部或部分转让。

这些权利可全部或部分地进行独占或非独占的许可使用。

被许可人违反前款许可的限制之一的,可以专利申请或专利授予的权利对抗之。

在不影响L.611-8条的情况下,第一款所指权利的转让不得损害第三人在转让前的既得权利。

前两款所指转让或许可文件应以书面为之,否则无效。

L.613-9条

(2008年8月4日2008-776号法律)

所有系于专利申请或专利的权利的转让或变动行为,非经在国家工业产权局设立的全国专利注册簿上登记,不得对抗第三人。

但是,该行为在登记前可用以对抗在取得该权利之前即已知悉该行为并在该行为之后取得权利的第三人。

许可合同未在全国专利注册簿上登记的被许可人,同样可参与由专利所有人提起的侵权诉讼,以获取其独有的损害赔偿。

L.613-10条

任何专利,如已制定的审查报告没有明显反映出存在影响发明专利性的在先文件,而且该专利所有人愿意将发明的使用公开报价,同时该专利也未在全国专利注册簿进行过独占许可的登记,应其所有人的请求并经国家工业产权局局长决定,可适用当然许可证制度。

前款所指请求应包括一份声明,即专利所有人同意任何公法或私法的人在支付合理报酬后使用专利。当然许可证只能是非独占性的。专利所有人与被许可人协商不成的,报酬总额由大审法院确定。被许可人可随时放弃许可证。

对专利适用当然许可证制度的决定,将减少交纳L.612-19条所指的年费,但已交纳的除外。

应专利所有人的申请,国家工业产权局局长即撤销其决定。撤销后即不再享受前款所指的年费减扣。已经授予或申请的当然许可证不受影响。

L.613-11 条

（1993 年 12 月 31 日 93-1420 号法律）

（1996 年 12 月 18 日 96-1106 号法律）

专利颁发 3 年期满或申请 4 年期满后,专利人或其权利继受人在其专利被申请适用强制许可证时无正当理由,且有下列情事,任何公法或私法的人可依以下各条获得强制许可证：

a）只要在欧洲经济共同体成员国或欧洲经济空间协定成员国领土上,尚未开始使用或未作真实有效的使用准备；

b）未以足够数量销售专利产品以满足法国市场需要的。

上述 a）所述使用及 b）所述销售已停止 3 年以上的亦然。

为实施本条之用,进口建立世界贸易组织协定成员国所生产的专利产品,视为专利的使用。

L.613-12 条

（1996 年 12 月 18 日 96-1106 号法律）

强制许可证的申请应向大审法院提出：申请应附证据表明申请人不能得到专利所有人的使用许可,且已具备真实有效地使用专利的能力。

强制许可证将以确定的条件颁发,尤其应确定其期限、适用范围及应付的报酬总额。

应专利人或被许可人的要求,法院可裁定变动上述条件。

L.613-13 条

（1996 年 12 月 18 日 96-1106 号法律）

强制许可证及当然许可证为非独占性的。许可的权利只可与其所属的营业资产、企业或部分企业一同转让。

L.613-14 条

强制许可的被许可人不遵守许可证颁发条件的,专利人及可能的其他被许可人,可诉请法院撤回其许可。

L.613-15 条

(1996 年 12 月 18 日 96-1106 号法律)
(2004 年 8 月 6 日 2004-800 号法律)
(2004 年 12 月 8 日 2004-1338 号法律)

侵犯在先专利的专利人,未经前专利人的许可不得实施其专利;前专利人未经后专利人许可,不得实施在后专利。

专利人实施其专利必然侵犯第三人拥有的在先专利,且在后发明较在先专利具有显著技术进步和重大效益的,大审法院在实施在后专利所必须的范围内,向在后专利人颁发许可证。

颁发给在后专利人的许可,只可与该专利一同转让。

在先专利人向法院申请,即可获取在后专利的许可。

L.613-12 条至 L.613-14 条的规定应予适用。

L.613-15-1 条

(2004 年 12 月 8 日 2004-1338 号法律)

植物新品种权利人获取或实施植物新品种权必然侵犯在先专利,且新品种较该专利中涉及的发明具有显著技术进步和重大效益的,植物新品种权利人可以要求,在实施植物新品种所必须的范围内,获得许可。

颁发这种许可的,专利人向法院申请,即可在同等条件下获取新品种的使用许可。

L.613-12 条至 L.613-14 条的规定应予适用。

L.613 – 16 条

（2004 年 8 月 6 日 2004 – 800 号法律）

（2004 年 12 月 8 日 2004 – 1338 号法律）

出于公共健康利益的需要，且未与专利人达成友好协议，应公共健康的主管部长的要求，由工业产权主管部长决定，在 L.613 – 17 条的条件下，对以下相关专利适用征用许可证制度：

a）药品、医疗设备、试管内诊断用医疗设备、附属治疗品；

b）其获取方法、获取所必需的制品或该制品的制造方法；

c）试管外诊断方法。

仅在供应公众的制品、通过这些方法获取的制品、方法的数量或质量不足或价格过高的情况下，或专利的实施违背公共健康利益、由终审的法院或行政决定认定构成违背正当竞争操作的情况下，出于公共监控利益的需要，对这些制品、方法或诊断方法的专利适用征用许可证制度。

征用许可以制止不正当竞争操作为目的或在紧急状况下作出的，工业产权主管部长无须寻求达成友好协议。

L.613 – 17 条

自对专利适用征用许可证的决定公布之日起，任何合乎资格的人，可申请工业产权主管部长颁布实施许可。该部长在颁发决定中应明确条件，尤其是期限及适用范围，但不包括相应的报酬。

征用许可证自决定通知有关各方之日生效。

未能协商成功并经工业产权及公共健康主管部长批准的，报酬数额由大审法院确定。

L.613-17-1 条

（2007年10月29日2007-1544号法律）

依据欧洲议会和理事会2006年5月17日关于强制许可专利以制造药品供出口到面临公共健康问题的国家的816/2006（CE）条例的强制许可申请，提交行政机关。许可根据该法令第10条确定的条件颁发。颁发许可的决定确定应缴许可费。

许可自决定送达申请人和权利人的最晚日期生效。

L.613-17-2 条

（2007年10月29日2007-1544号法律）

任何对前述欧洲议会和理事会2006年5月17日816/2006（CE）条例第13条和理事会2003年5月26日关于避免某些关键药物贸易转移到欧盟的953/2003（CE）条例第2条的禁止规定的侵犯构成侵权，处以本法典L.615-14条规定的处罚。

L.613-18 条

（1996年12月18日96-1106号法律）

工业产权主管部长可催告L.613-16条所指之外的发明专利人实施发明以满足国民经济的需要。

1年内经催告没有效果，且不实施或在质或量上未充分实施严重损害经济发展和公共利益的，作为催告对象的专利可由行政法院法规决定适用征用许可证。

如果专利人有正当理由且与国民经济要求相符，工业产权主管部长可将上述1年期限延长。

自对专利适用征用许可证的决定公布之日起，任何合乎资格的人可申请工业产权主管部长颁布实施许可。

该部长在颁发决定中应明确条件,尤其是期限及适用范围,但不包括相应的报酬。征用许可证自决定通知有关各方之日生效。

未能协商成功的,报酬数额由大审法院确定。

L.613－19 条

为国防需要,国家随时可以获得作为专利申请或专利对象的发明的征用许可证以供其或为其使用。

应国防部长的要求,工业产权主管部长决定授予征用许可证。决定中应明确许可条件,但不包括相应的报酬。

征用许可证自申请之日生效。

协商不成的,报酬额由大审法院确定。在各个审级,均不进行公开审理。

L.613－19－1 条

(1996 年 12 月 18 日 96－1106 号法律)

专利对象为半导体技术领域的发明的,只有用于非商业的公共目的或为制止已被司法或行政程序判为违反竞争的实践,才能授予强制许可证或征用许可证。

L.613－20 条

国家为了国防需要可随时全部或部分征用作为专利申请或专利对象的发明。

协商不成的,征用补偿由大审法院确定。

在各个审级,均不进行公开审理。

L.613－21 条

进行专利扣押应向专利人、国家工业产权局及在该专利拥有权利之人通告非司法文书;专利权利扣押后的所有变动不得对抗扣押债权人。

扣押债权人应在规定期限内到法院就扣押的效力起诉并准备拍卖此专利,否则扣押无效。

L.613-22 条

(2008 年 12 月 11 日 2008-1301 号法律)

1) 专利申请人或专利人未在 L.612-19 条规定的期限内交纳该条规定的年费的,丧失其权利。

自未交年费应交之日起权利丧失。

在法规规定的条件下权利丧失由国家工业产权局局长的决定确认或应专利人或第三人的要求确认。

决定应予公告并通知专利人。

2)(已废止)

L.613-23 条

L.613-22 条中的期限可按 L.612-18 条规定的情况及方式中止。

L.613-24 条

(2008 年 8 月 4 日 2008-776 号法律)

专利人可随时放弃全部专利或一个或数个专利的权利要求,或通过修改一个或数个权利要求限定专利的范围。

放弃或限定请求应根据行政法规确定的条件向国家工业产权局提交。

国家工业产权局局长审查请求是否符合前款所述的行政规定。

放弃或限定的效力追溯至专利申请提交日。

本条第二、三款规定适用于依照 L.613-25 条和 L.614-12 条规定进行的限定。

L.613 – 25 条

（2007 年 10 月 29 日 2007 – 1544 号法律）

（2008 年 8 月 4 日 2008 – 776 号法律）

在下列情况下，司法决定可宣告专利无效：

a) 专利标的按 L.611 – 10 条、L.611 – 11 条及 L.611 – 13 条至 L.611 – 19 条不应授予专利的；

b) 专利未充分、明确、完整地阐述发明以使该行业技术人员得以实施的；

c) 专利标的超出了申请提交时的范围，或专利基于分案申请颁发而其标的超出了原始申请提交时的范围；

d) 作出限定后，专利保护范围扩大的。

无效理由只涉及部分专利的，无效宣告采用限制权利要求的形式。

在专利无效诉讼中，权利人有权通过修改权利要求限定专利；因此被限定的专利成为已提起的无效诉讼的标的。

在同一诉讼中，以拖延或滥用权利的方式对其专利作出多处限定的一方，可被处以最高 3000 欧元的民事罚金，另一方仍可要求损害赔偿。

L.613 – 26 条

检察院可依职权对发明专利提起无效诉讼。

L.613 – 27 条

（1994 年 2 月 5 日 94 – 102 号法律）

除有第三方异议，无效决定具有绝对效力。对 1969 年 1 月 1 日前申请的专利，无效适用于决定的判决词确定的专利部分。

已生既决效力的决定应通知国家工业产权局局长以在全国专利注册簿上登记。

决定宣布权利要求部分无效的，专利人依该决定向国家工业产权局提交按判决修改后的权利要求书。产权局局长有权驳回修改不符合判决的权利要求书，但不影响其向依照本法典 L.411-4 条指定的上诉法院之一上诉。

L.613-28 条

补充保护证书在下列情况下无效：

——其依附的专利无效；

——其依附的专利与市场准销许可相应的部分无效；

——相应的市场准销许可无效；

——颁发时违反 L.611-3 条的规定。

其依附专利与市场准销许可相应部分的一小部分无效的。证书仅就与此小部分相应的部分无效。

第三节 专利的共有

L.613-29 条

专利申请或专利的共有由下列规定调整：

a) 任一共有人可为自身的利益使用发明，但须公平补偿没有亲自使用或发放使用许可的其他共有人。友好协商不成的，补偿额由大审法院确定。

b) 任一共有人可为自身的利益提起侵权诉讼。提起侵权诉讼的共有人应将该起诉通知其他共有人；未进行此通知的，延期审理此案。

c) 任一共有人可为自身的利益向他人发放非独占的使用许可，但须公平补偿没有亲自使用或发放使用许可的其他共有人。友好协商不成的，补偿额由大审法院确定。

但应将附有确切价格的许可部分报价的许可方案通知其他共有人。

通知之日起 3 个月内，任一其他共有人只要购买共有人意欲许可的份额即可反对该许可。

在前款所指期限内协商不成的，价格由大审法院确定。判决或上诉判决通知之日起 1 个月内，有关各方可放弃许可或购买共有份额，但不影响相应发生的损害赔偿；诉讼费由放弃方承担。

d）发放独占使用许可必须经全体共有人同意或司法裁决同意。

e）任一共有人可随时转让其份额。转让方案通知之日起 3 个月内，其他共有人享有先买权。协商不成的，价格由大审法院确定。判决或上诉判决通知之日起 1 个月内，有关各方可放弃出售或购买共有份额，但不影响相应发生的损害赔偿；诉讼费由放弃方承担。

L.613-30 条

民法典第 815 条及以后各条、第 1873-1 条及以后各条以及第 883 条及以后各条不适用专利申请或专利的共有。

L.613-31 条

专利申请或专利共有人可通知其他共有人，将其份额放弃给他们。自该放弃在全国专利注册簿上登记之日起，或在关于未公布的专利申请的情况下，自通知国家工业产权局之日起，该共有人对其他共有人不再承担任何义务；其他共有人按共有比例分享放弃份额。

L.613-32 条

L.613-29 条至 L.613-31 条的规定在无相反约定时适用。

共有人可随时制定共有章程而不必遵守以上各条。

第四章　国际条约的适用

第一节　欧洲专利

L.614—1 条

本节与实施 1973 年 10 月 5 日在慕尼黑签订的公约（以下称《慕尼黑公约》）有关。

第一段　欧洲专利申请的提交

L.614－2 条

所有欧洲专利申请可在国家工业产权局总部或需要时在法规规定的方式下，在其地方分局提交。

申请人在法国有住所或营业所且未要求在法国在先申请的优先权的，申请必须在国家工业产权局提交。

L.614－3 条

国防部长可向国家工业产权局秘密了解向该局提交的欧洲专利申请。

L.614－4 条

未经授权，已向国家工业产权局申请欧洲专利的发明不得自由披露和使用。在同样阶段，申请不得公开；未经授权，其副本不得发布。

本条第一、二款所指授权由工业产权主管部长在听取国防部长的意见后颁发。

第一款所指授权可在任何时候颁发。在不影响 L.614－5 条第一款的情况下,自专利申请提交之日起 4 个月期满后,或要求优先权的,自优先权日起 14 个月期满后,该授权自动取得。

L. 614 – 5 条

在 L. 614 – 4 条最后一款规定的其中一个期限期满前,该条第一款规定的禁令可应国防部长的请求延长 1 年并可再续。在此情况下,申请不得转交欧洲专利局。延长的禁止可依同样条件随时取消。

在延长禁止的情况下,本法典 L. 612 – 10 条的第二、三款应予适用。

L. 614 – 6 条

(2008 年 8 月 4 日 2008 – 776 号法律)

欧洲专利申请仅在慕尼黑公约第 135 – 1 条 a)规定的情况可转换为法国专利申请。

在此情况下,申请人应符合法规规定的条件,否则驳回其法国专利申请。

在转换申请前已制定检索报告的,该报告代替 L. 612 – 14 条规定的检索报告。

第二段　欧洲专利在法国的效力

L. 614 – 7 条

(2007 年 10 月 29 日 2007 – 1544 号法律)

以慕尼黑公约创建的欧洲专利局的官方语言撰写的欧洲专利申请文本,为正式文本。

未用法文撰写的欧洲专利产生纠纷的,依涉嫌侵权人或有管辖权法院的要求,专利人自费提供专利的法文译文全文。

L.614－8 条

如程序语言①不是法语,自欧洲专利申请公告之日起 3 个月内,国家工业产权局负责将慕尼黑公约第 78 条第一段 e)中规定的摘要翻译成法语并予公告。

L.614－9 条

本法典 L.613－3 条至 L.613－7 条及 L.615－5 条规定的权利,自欧洲专利申请按慕尼黑公约第 93 条规定进行公告之日起可行使。

公告是以法语以外的语言进行的,前款所指权利必须在权利要求书的法文译本应申请人要求已按行政法院法规规定的条件由国家工业产权局公告,或已通知侵权嫌疑人后才可行使。

L.614－10 条

(2007 年 10 月 29 日 2007－1544 号法律)

除无效诉讼情况外,作为 L.614－7 条第一款的例外,欧洲专利申请或欧洲专利赋予按 L.614－7 条或 L.614－9 条第二款提交的法文译本的保护范围小于该申请或该专利赋予申请提交时文本的保护范围,以该法文译本为准。

但是,专利申请人或专利人可随时提交修订后的译本。权利要求的修订译本在 L.614－9 条第二款规定条件具备后生效。

任何人已善意开始使用发明或已为使用进行了真实有效的准备且该使用不构成对专利申请或专利侵权的,可在已修订的译本生效后,在其企业中或为该企业的需要免费继续使用。

---

① 程序语言是指在欧洲专利局申请及审查程序中使用的语言。——译者注

L.614－11 条

系于欧洲专利申请或欧洲专利的权利转让或变更的行为,在欧洲专利注册簿上登记后可对抗第三人。

L.614－12 条

(2008 年 8 月 4 日 2008－776 号法律)

因慕尼黑公约第 138 条第一段所列任一理由,司法决定可宣告欧洲专利在法国无效。

无效理由只涉及部分专利的,无效宣告采用相应的限制权利要求的形式。

在欧洲专利无效诉讼中,权利人有权根据慕尼黑合约第 105 条之二通过修改权利要求限定专利;因此被限定的专利成为已提起的无效诉讼的标的。

在同一诉讼中,以拖延或滥用权利的方式对其专利作出多处限定的一方,可被处以最高 3000 欧元的民事罚金,另一方仍可要求损害赔偿。

L.614－13 条

法国专利和欧洲专利就要求同一申请日或优先权日的同一发明授予同一发明人或其权利继受人的,自对欧洲专利的异议期期满之日起且无人异议的,或异议程序结束之日起且欧洲专利被维持的,法国专利停止产生效力。

但法国专利在前款所述的两个日期之一以后颁发的,该专利不产生效力。

欧洲专利事后灭失或无效不影响本条的规定。

L.614－14 条

（1994 年 2 月 5 日 94－102 号法律）

法国专利申请或法国专利同欧洲专利申请或欧洲专利具有同一申请日或优先权日，覆盖同一发明且属于同一发明人或其权利继受人的，就其共同部分不得分别转让、质押或许可使用，否则无效。

作为 L.613－9 条的例外，转让或变更法国专利申请或法国专利的权利登记在全国专利注册簿后，只有欧洲专利申请或欧洲专利权利的同样的转让或变更也在欧洲专利注册簿上登记后，才可对抗第三人。

法国专利申请或法国专利不得同提交欧洲专利申请的优先权分别转让。

L.614－15 条

（1994 年 2 月 5 日 94－102 号法律）

如果法国专利与有同一优先权日由同一发明人申请或被授予的欧洲专利覆盖同一发明的，受理对该法国专利的侵权诉讼的法院延期至依照 L.614－13 条法国专利停止产生效力之日或欧洲专利申请被驳回、撤回或视为撤回或欧洲专利被撤销之日进行审理。

侵权诉讼仅以法国专利为基础提出的，对法国专利停止产生效力之后的行为及就其共同部分，申请人在恢复审理时可以欧洲专利代替法国专利。

侵权诉讼同时以法国专利及欧洲专利为基础提出的，刑事处罚及民事赔偿均不得双倍适用。

以两个专利之一提出的诉讼，就同样事实，同一原告不得基于另一个专利对同一被告提出新的诉讼。

L.614－16条

行政法院法规确定本节,尤其是慕尼黑公约第137－2条的施行条件。

第二节 国际申请

L.614－17条

本节与实施1970年6月19日在华盛顿签订的专利合作协定(以下称《华盛顿协定》)有关。

第一段 国际申请的提交

L.614－18条

由在法国有住所或营业所的自然人或法人提出的发明保护国际申请未要求在法国申请的优先权的,应向国家工业产权局提交。国家工业产权局以华盛顿协定第2条XV及第10条意义上的受理局的名义进行处理。

L.614－19条

国防部长可向国家工业产权局秘密了解向该局提交的发明保护国际申请。

L.614－20条

未经授权,已向国家工业产权局提交的发明保护国际申请的发明不得自由披露和使用。

在同样阶段,发明申请不得公开;未经授权其副本不得发布。

本条第一、二款所指授权由工业产权主管部长在听取国防部长的意见后颁发。

第一款所指授权可在任何时候颁发。在不影响 L.614-21 条的情况下，申请提交之日起 5 个月期满后，或要求优先权的，自优先权日起 13 个月期满后，该授权自动取得。

L.614-21 条

（1994 年 2 月 5 日 94-102 号法律）

在 L.614-20 条最后一款规定的其中一个期限期满前，该条规定的禁令可应国防部长的请求延长 1 年并可再续。在此情况下，申请不得转交华盛顿协定设立的国际局。延长的禁止可依同样条件随时取消。

在延长禁止的情况下，L.612-10 条第二、三、四款规定应予适用。

L.614-22 条

国家工业产权局作为替代华盛顿协定的另一成员国的国家局的受理局或被该协定设立的联盟大会指定为受理局时，申请人在法国没有住所或营业所的，L.614-19 条、L.614-20 条及 L.614-21 条的规定不适用。

L.614-23 条

行政法院法规确定本节，尤其是与国际申请的受理，申请提交的语言，国家工业产权局为其提供的服务可以征收的核转费及在国外有住所或营业所的申请人的代理有关的施行条件。

第二段　国际申请在法国的效力

L.614-24 条

根据华盛顿协定提出的发明保护国际申请指定或选定法国的,视为同意获得按慕尼黑公约规定的欧洲专利。

第三节　共同体专利

L.614-25 条

本节与实施 1975 年 12 月 15 日在卢森堡签订的与欧洲专利有关的共同市场公约(共同体专利公约)(以下称《卢森堡公约》)有关。本节与卢森堡公约同日生效。

L.614-26 条

欧洲专利申请指定一欧洲经济共同体国家且授予的专利为共同体专利的,L.614-7 条至 L.614-14 条(第一、二款)不适用。

L.614-27 条

如程序语言不是法语,自共同体专利申请公告之日起 3 个月内,国家工业产权局负责将慕尼黑公约第 78 条第一段 e)中规定的摘要翻译成法语并予公告。

L.614-28 条

实施时,就 L.614-26 条、L.614-15 条和 L.615-17 条中提到的专利申请及专利,应将各条中提到的 L.614-13 条替换为卢森堡公约第 80 条第一段。

L.614－29 条

指定欧洲经济共同体国家的欧洲专利申请或这一申请产生的共同体专利的使用权的转让、质押或许可，就其相同部分，自动导致与其有同一申请日或同一优先权日覆盖，同一发明及属于同一发明人或其权利继受人的法国专利申请或法国专利的转让、质押或使用权的许可。

同样条件下，法国专利申请或法国专利，不得同指定欧洲经济共同体国家的欧洲专利申请或这一申请产生的共同体专利分别进行转让、质押或使用权的许可，否则无效。

作为 L.613－20 条的例外，转让或变更法国专利申请或法国专利的权利登记在全国专利注册簿后，只有指定欧洲经济共同体国家的欧洲专利申请或这一申请产生的共同体专利权利的同样的转让或变更，视情况在欧洲专利注册簿上或共同体专利注册簿也登记后，才可对抗第三人。

L.614－30 条

根据卢森堡公约第 86 条第一段，要求授予专利时申请人声明不愿获得共同体专利的，L.614－26 条及 L.614－29 条的规定不适用。

但是，在此情况下，L.614－13 条亦不适用。

第四节 最后规定

L.614－31 条

1883 年 3 月 20 日在巴黎签订保护工业产权国际公约，以及修改或将修改该公约的补充文本及闭会议定书的规定，凡比法国保护工业产权派生权利的法律更有利的，法国人可要求适用其规定。

本编的任何规定都不得解释为否定前款赋予法国人的权利。

第五章 诉讼

第一节 民事诉讼

L.615－1 条

(2007 年 10 月 29 日 2007－1544 号法律)

任何对 L.613－3 条至 L.613－6 条规定的专利人的权利的侵害均构成侵权。

侵权人应承担民事责任。

但是,向市场投放、使用、为使用或向市场投放而占有侵权产品者,如非该产品的制造人,仅在知情故犯时承担责任。

L.615－2 条

专利人可提起侵权诉讼。

但是,独占被许可人在合同无相反约定且专利人在催告后未提起诉讼的,可提起诉讼。

专利人可参加被许可人根据前款提起的侵权诉讼。

L.613－10 条、L.613－11 条、L.613－15 条、L.613－17 条及 L.613－19 条提及的当然许可证、强制许可证或征用许可证被许可人在所有人经催告未提起诉讼的,可提起诉讼。

所有被许可人可参加专利人提起的侵权诉讼,以获得应有的损害赔偿。

L.615－3 条

(2007 年 10 月 29 日 2007－1544 号法律)

任何有权提起侵权诉讼的人,可提请有管辖权的法院,根据需要使用逾期罚款规定,针对被控侵权人或为其提供服务的中间人采取任何措施,以预防即将发生的对证书赋予的权利的侵犯,或阻止被控侵权行为的继续。紧急情形要求无须对审即可采取措施的,尤其任何延误都可能对原告造成不可弥补的损失的,有管辖权的民事法院可依申请裁定任何紧急措施。依申请或紧急受理案件的法院,只有在原告正常可以提供的证据足以证明侵权行为或侵权行为即将发生的情况下,才得采取请求的措施。

法院可禁止继续进行被控侵权行为,要求提供担保金以确保对原告可能的补偿,或裁定扣押或提存被控侵犯证书授予权利的产品至第三人处,以阻止其进入或在商业渠道中流通。如果原告确能证明存在有损赔偿收回的情形,法院可保全扣押被控侵权人的动产和不动产,尤其可根据通行法律,判令冻结其银行账户或其他财产。为了确定扣押的财产范围,法院可要求提供银行、金融、会计或商业文件,或获取适当的信息。

对原告的损失无实质争议的,法院还可部分地先予执行。

依申请或紧急受理案件的法院,可在裁定这些措施时要求原告提供担保,用以确保侵权诉讼被宣告不成立或扣押措施被撤销时,被告获得可能的补偿。

停止侵权措施在诉讼前作出的,原告须在行政法规规定的时限内提起民事或刑事诉讼。否则,被告无须附加任何理由,即可申请撤销已采取的措施,该申请亦不影响其要求损害赔偿。

L.615-4条

(2007年10月29日2007-1544号法律)

侵权行为可以任何方式证明。

任何有权提起侵权诉讼的人,有权依据有管辖权的民事法院的依申请作出的裁定,在任何地点,通过执达员,在原告指定的专家协助下,就侵权行为进行详细描述,可以提取或不提取样品,或者实际扣押被控侵权产品或方法以及所有与之相关的文件。

同样以证明为目的，法院可以裁定实际扣押用于生产或销售被控侵权产品或实施被控侵权方法的原料和工具。

法院可在裁定这些措施时要求原告提供担保，用以确保侵权诉讼被宣告不成立或扣押措施被撤销时，被告获得可能的补偿。

原告在行政法规规定的时限内不提起民事或刑事诉讼的，财务被扣押者无须附加任何理由，即可申请撤销扣押裁定包括描述在内的全部内容，该申请亦不影响其要求损害赔偿。

L.615－5条

专利或实用证书申请人或专利人或实用证书所有人可以任何方式提供其受到损害的侵权的证据。

此外，他们有权依据侵权嫌疑发生地大审法院院长的命令，通过他们选择的专家协助下的执达员，对被控侵权产品或方法进行详细的记录，附带或不附带实际扣押。命令应临时执行。命令可附加要求申请人提供担保。在同一命令中，法院院长可授权执达员为查证侵权的源起、确凿程度及范围进行一切有用的查验。

在L.615－2条第二款规定条件下的独占被许可人，及在L.615－2条第四款规定条件下的L613－10条、L.613－11条、L.613－15条、L.613－17条和L.613－19条提及的当然许可证、强制许可证或征用许可证被许可人亦享有上述权利。

自扣押之日起15天内扣押申请人没有提起诉讼的，扣押自动失效，并且不影响他人可能提出的损害赔偿要求。

L.615－5－1条

(1996年12月18日96－1106号法律)

专利的标的是获得产品的方法的，法院可判令被告证明其获得相同产品所使用的方法与已授予专利的方法不同。在下列两种情况下，被告

不能提供上述证明的,未经专利人同意制造的相同产品被视为是按已授予专利的方法所制造的:

a) 按已授予专利的方法制造的产品是新产品;

b) 相同产品是按已授予专利的方法制造的可能性很大,同时专利人尽管已进行合理的努力仍不能确定其所使用的方法。

在提供相反证明时,被告保护其制造及商业秘密的正当利益应给予考虑。

L.615-5-2 条

(2007 年 10 月 29 日 2007-1544 号法律)

受理本编规定的民事诉讼的法院,为了确定侵犯原告权利的产品和方法的来源和销售网络,可依申请,并根据需要使用逾期罚款规定,要求被告,或任何被发现持有侵权产品或实施侵权方法或提供被用于侵权行为的服务或被举报为这些产品的生产、制造或销售的参与者或这些服务的提供者的人,提供所有其持有的文件和信息。

如无合法阻碍,法院可裁定提供文件和信息。

前述文件和信息包含:

a) 生产者、制造者、销售者、供应商和其他曾经持有产品或服务的人员,以及收货批发商和零售商的名称和地址;

b) 生产、销售、交货、收到或订购的数量,以及涉案产品和服务的实际销售价格。

L.615-6 条

依据实用证书申请提起的诉讼过程中,原告应按与 L.612-14 条规定的报告一样的条件提交检索报告。

L.615-7条

（2007年10月29日2007-1544号法律）

确定损害赔偿时，法院将参考受害人承受的包括预期收益损失在内的负面经济后果、侵权人获得的收益和权利人因侵权而遭受的精神损害。

但法院也可依受害人申请，改判不低于许可费或侵权人请求使用许可的应付费的数额固定的损害赔偿。

L.615-7-1条

（2007年10月29日2007-1544号法律）

民事侵权成立的，法院可依被害人申请判令，从商业渠道中召回并彻底去除、销毁或没收被认定侵权的产品、主要用于制造和生产侵权产品的原料和工具。

法院还可判令任何合理的判决公告措施，尤其是判决的布告，或全文或部分地在报纸上或在由法院指定的在线公共通信服务部门、根据法院确定的方式进行发表。

因前述两款所列的措施产生的费用，由侵权人承担。

L.615-8条

本章规定的侵权诉讼的时效期间为有关侵权行为发生之日起3年。

L.615-9条

任何人在欧洲经济共同体成员国的领土上已进行工业开发，或在此已进行真实有效的准备时，可在将其开发使用的说明通知专利人后，邀请专利人就其证书是否可以对抗其开发使用表明立场。

该人对答复有异议或专利人在3个月内未表明立场的，可向法院起诉专利人，以得到专利不对其使用构成妨碍的判决，但这不影响对专利的无效诉讼,或在实际使用并不符合前款所述说明中描述的条件的情况下,提起新的侵权诉讼。

L.615－10 条

(2007 年 10 月 29 日 2007－1544 号法律)

作为专利申请或专利标的的发明,由国家或其供应商、转包商及转承包人为国防需要进行使用而没有使用许可的,民事诉讼在大审法院不得进行公开审理。法院不得判令中止或停止使用,或实施依 L.615－3 条和 L.615－7－1 条规定的没收。

法院院长命令进行专家鉴定,或 L.615－5 条规定的附带或不附带实际扣押的详细记录的,受命的司务助理人员在研究或制造合同含有国防安全分级时,应暂停扣押、记录及搜寻企业的档案和资料。

在军队驻地进行研究或制造的亦同。

大审法院院长在权利继受人的要求下,可命令仅由国防部长指定的人员进行或在其代表面前进行的专家鉴定。

L.615－4 条的规定不适用于按本条规定条件使用的专利申请,只要此申请仍处于 L.612－9 条及 L.612－10 条的禁止之下。进行这一使用的人自动承担本条规定的责任。

L.615－11 条

(1994 年 2 月 5 日 94－102 号法律)

(已废止)

第二节 刑事诉讼

L.615－12 条

（1992 年 12 月 16 日 92－1336 号法律）

（2000 年 9 月 19 日 2000－916 号法令）

（2009 年 5 月 12 日 2009－526 号法律）

冒充专利人或专利申请人的，处 7500 欧元的罚金。

L.615－13 条

（1992 年 12 月 16 日 92－1336 号法律）

（2000 年 9 月 19 日 2000－916 号法令）

在不影响因危害国家安全可能判处的更严重的刑罚的情况下，故意违反 L.612－9 条及 L612－10 条规定的禁令的，处 4500 欧元的罚金。侵犯给国防造成损失的，可加判 1 至 5 年的监禁。

L.615－14 条

（1994 年 2 月 5 日 94－102 号法律）

（2000 年 9 月 19 日 2000－916 号法令）

（2004 年 3 月 9 日 2004－204 号法令）

（2007 年 10 月 29 日 2007－1544 号法令）

（2011 年 3 月 14 日 2011－267 号法令）

1）故意损害 L.613－3 条至 L.613－6 条规定的专利人的权利的，处 3 年监禁及 30 万欧元的罚金。涉及团伙犯罪或网络犯罪，或涉及危及人体和动物的健康和安全的商品的，处 5 年监禁及 50 万欧元的罚金。

2）（本款已失效）。

L.615 – 14 – 1 条

（1994 年 2 月 5 日 94 – 102 号法律）

违反 L.615 – 14 条的累犯，或同受害人有或有过协议的初犯加倍处罚。

此外，可在不超过 5 年内剥夺罪犯的商事法院、工商会、行业协会、劳资协会的选举权和被选举权。

L.615 – 14 – 2 条

（2007 年 10 月 29 日 2007 – 1544 号法律）

犯有 L.615 – 14 条所列罪名的自然人，除被刑事处罚以外，还需从商业渠道召回已被认定的侵权产品以及任何曾用于或将用于犯罪的物品，并承担全部费用。

法院可判令被告付费销毁或交付被害人已从商业渠道召回的或没收的产品和物品，并不影响损害赔偿的确定。

法院还可判令被告按刑法典 131 – 35 条规定的条件付费张贴或传播处罚判决书。

L.615 – 14 – 3 条

（2007 年 10 月 29 日 2007 – 1544 号法律）

（2009 年 5 月 12 日 2009 – 526 号法律）

在刑法典 121 – 2 条规定的条件下，被判处 L.615 – 14 条界定的罪名的法人，承受除根据刑法典 131 – 38 条所列形式确定的罚金以外的、刑法典 131 – 39 条所列的刑罚。

刑法典 131 – 39 条的 2)中所述禁止涉及经营活动或违法时的经营。

被判处承担刑事责任的法人，除被刑事处罚以外，还需从商业渠道召回已被认定的侵权产品以及任何曾用于或将用于犯罪的物品，并承担全部费用。

法院可判令被告付费销毁或交付被害人已从商业渠道召回的或没收的产品和物品,并不影响损害赔偿的确定。

L.615-15条

(1992年12月16日92-1336号法律)

(2000年9月19日2000-916号法令)

在不影响因危害国家安全可能判处的更严重的刑罚的情况下,故意违反L.614-18条、L.614-20条及L.614-21条第一款规定的义务或禁令的,处6000欧元的罚金。侵犯给国防造成损失的,可加判1至5年的监禁。

L.615-16条

(1992年12月16日92-1336号法律)

(2000年9月19日2000-916号法令)

在不影响因危害国家安全可能判处的更严重的刑罚的情况下,故意违反L.614-2条第二款、L.614-4条及L.614-5条第一款规定的义务或禁令的,处6000欧元的罚金。侵犯给国防造成损失的,可加判1至5年的监禁。

第三节 管辖及程序的规则

L.615-17条

(2011年5月17日2011-525号法律)

有关发明专利的请求和民事诉讼,包括同时涉及相关的不正当竞争的诉讼,仅由行政法院确定的大审法院管辖,但不包括对负责工业产权的部长发布的行政行为提起的诉讼,这些诉讼受行政诉讼法院管辖。

受理专利诉讼的大审法院由法规确定。

前述规定不妨碍依民法典第 2059 条、第 2060 条要求仲裁。

只有本条第一款规定的大审法院,可依照本法典 L.614-13 条规定的条件确认法国专利全部或部分停止产生效力。

L.615-18 条

根据 L.612-10 条、L.613-17 条、L.613-19 条及 L.613-20 条提起的确定赔偿诉讼由巴黎大审法院管辖。

L.615-19 条

专利侵权诉讼由大审法院专属管辖。

专利侵权附带不正当竞争问题的诉讼由大审法院专属管辖。

L.615-20 条

受理属本编规定的诉讼或抗辩的法院,可依职权或依当事人一方的申请,指定一个顾问自诉讼开始参加诉讼程序及听审。在不公开审理的过程中,顾问经允许可向当事人或其代理人提问。

L.615-21 条

应当事人一方的申请,实施 L.611-7 条的所有争议由劳资双方等额和解委员会受理,委员会由司法法官主持,在票数相等时由法官决定。

在国家工业产权局中成立的该委员会,自受理之日起 6 个月内提出一个和解建议;自建议通知之日起 1 个月内,当事人没有向大审法院起诉的,该建议即作为当事人间的合约,如有起诉,审理不公开进行。应当事人主动一方的简单要求,该合约可由大审法院院长判令生效执行。

当事人可亲自出席委员会并由其选定之人协助或代理。

委员会可就每一案件指定专家协助。

实施本条的条件,包括 L.611-7 条最后一款所指人员的特别规定,由行政法院在咨询有关行业组织和工会后以法规确定。

L.615-22 条

行政法院的法规确定本编的实施条件。

第二编　技术知识的保护

第一章　制造秘密

L.621-1 条

(1992 年 12 月 16 日 92-1336 号法律)

(2000 年 9 月 19 日 2000-916 号法令)

(2007 年 3 月 12 日 2007-329 号法令)

惩治侵犯制造秘密的刑罚由劳动法典 L.1227-1 条规定并援引如下:

"L.1227-1 条

经理或工薪人员泄露或企图泄露制造秘密的,处 2 年监禁及 3 万欧元的罚金。

法院可以附加刑的名义,判处刑法典 131-26 条规定的剥夺公民权、民事权及家庭权的处罚,但最长不超过 5 年。"

第二章　半导体制品

第一节　申请

L.622-1 条

体现创作者智力劳动的半导体产品的最终或过渡性布图设计，只要不是通常所见，可经申请获得本章赋予的保护。

申请不得在布图设计于任何地方进行首次商业使用的 2 年后，或如果从未使用的，在其首次固定或编码的 15 年后为之。

不符合本条规定的任何申请均无效。

L.622-2 条

（1993 年 12 月 31 日 93-1420 号法律）

（1996 年 12 月 18 日 96-1106 号法律）

以下所列之人可享有本章权益：

a）建立世界贸易组织协定成员国公民，或在该国中具有惯常居所或真实有效的工商营业所之人，或其权利继受人为创作者的；

b）在成员国或另一参加国对尚未由本章保护的布图设计进行世界上首次商业使用，且就全体欧洲经济共同体或欧洲经济空间已取得权利人的独占许可并符合前述国籍、居所或营业所条件的人。

前段所指之外的人，在与其所属或所居住的国家有互惠保护的，可享有本章权益。

L.622-3 条

申请的权利属创作者或其权利继受人。

申请侵害创作者或其权利继受人的，受损害一方可追还权益。追还之诉的诉讼时效期限为申请公告之日起3年。

L.622-4条

国家工业产权局局长在对申请进行形式审查后即予注册。公告按行政法院的法规确定的条件进行。

第二节　申请产生的权利

L.622-5条

（2007年10月29日2007-1544号法律）

禁止任何人：

——复制受保护的布图设计；

——商业使用或为此目的进口该布图设计的复制品或包含该复制品的半导体产品。

该禁止不延及：

——为评估、分析或教学进行的复制；

——在以上评估、分析的基础上，创作能受本章保护的明显不同的布图设计。

以上禁止规定不得对抗善意取得半导体产品的人。但该人愿继续对取得的产品进行商业使用的，应支付合理的费用。

任何违反前款禁止性规定的行为均构成侵权，行为人须承担民事责任。

L.622-6条

前条的禁止规定自申请之日或更早的首次商业使用之日起生效。该权利的注册所有人行使该禁用权的期限为10年，以日历年度年终之日为准。

但任何有关布图设计的注册,自布图设计首次固定或编码之日起15年内未进行任何使用的,丧失效力。

L.622-7条

(2007年10月29日2007-1544号法律)

L.411-4条、L.411-5条、L.612-11条、L.613-8条、L.613-9条、L.615-2条、L.615-3条、L.615-5条、L.615-5-2条、L.615-7条、L.615-7-1条、L.615-8条、L.615-10条及L.615-17条的条件和形式适用于:

——本章提及的国家工业产权局局长所做决定;

——与布图设计注册有关的权利的转让、担保或扣押;

——由本章产生的纠纷的解决。

第三章 植物新品种

第一节 植物新品种证书的颁发

L.623-1条

(2011年12月8日2011-1843号法律)

本章所称植物品种,是指已知的最低等级的植物分类单元的植物集合:

1) 可通过对某种基因型或某种基因型组合的特征的说明来界定;

2) 可通过对至少一个特征的说明,与其他任何植物集合相区别;

3) 因其可被保形复制的性能而被视为一个整体。

L.623-2 条

（2011 年 12 月 8 日 2011-1843 号法律）

本章所称植物新品种，是指具有下列特点的创造出的新品种：

1) 与任何其他的、在申请提交日已经众所周知的品种具有显著区别；

2) 具有一致性，即相关特征充分一致，因有性繁殖或植物无性繁殖的特殊性而可预知的变异除外；

3) 具备稳定性，即连续的有性或无性繁殖后，或有性或无性繁殖需要特殊周期的，在每一个繁殖周期后，仍与最初品种定型一致。

L.623-3 条

（2011 年 12 月 8 日 2011-1843 号法律）

所有符合 L.623-2 条条件的植物新品种，应有名称及相应的说明及保存在系列中的样本。

L.623-4 条

（2011 年 12 月 8 日 2011-1843 号法律）

I. 所有植物新品种可作为一个称作《植物新品种证书》的对象，该证书赋予其所有人独占权以生产、复制、以有性或无性繁殖为目的的包装、许诺销售、销售或以其他任何形式投放市场、出口、进口或以以上任一为目的地持有受保护品种的有性或无性繁殖的材料。

II. 未经授权使用受保护品种的有性或无性繁殖的材料获取本条 II 中 1)和 2)规定的产物的，独占权获得延展，除非新品种权利人得以对相关产物合理地行使权利。

1) 农产品，包括作物的整体和部分；

2) 从受保护品种的农产品直接制造的产物。

Ⅲ. 权利人独占权延展至：

1) 无法与 L.623-2 条规定的受保护品种明显区分的品种；

2) 其生产需要频繁使用受保护品种的品种；

3) 主要从 L.623-2 条规定的受保护品种衍生出的品种,前提是受保护品种自身非主要衍生品种。

Ⅳ. 在以下条件下,一个品种主要从另一品种,即原始品种,衍生：

1) 该品种主要从原始品种或从主要由原始品种衍生而来的品种衍生；

2) 该品种与 L.623-2 条规定的原始品种有显著区别；

3) 除衍生导致的差别外,该品种在基因式或基因式组合的主要的特征表现上应与原始品种一致。

L.623-4-1 条

(2011 年 12 月 8 日 2011-1843 号法律)

Ⅰ. 权利人权利不延展至：

1) 以非职业或非商业为目的的、私人的行为；

2) 实验行为；

3) 以创造新品种为目的的行为,以及 L.623-4 条规定的涉及该新品种的行为,除非本条Ⅲ和Ⅳ不适用。

Ⅱ. 品种的材料或从该材料衍生出的材料是在权利人同意的情况下或由权利人销售或以任何形式投放市场的,权利人权利不延展至该品种,或主要从该品种衍生出的品种,或不能与该品种显著区别的品种。

然而,在以下情况下,权利人权利仍然存在：

1) 这些行为导致相关的品种的再一次有性或无性繁殖；

2) 这些行为导致将品种出口至未对与允许其繁殖的同属一类的品种材料的品种采取任何知识产权保护措施的国家,除非出口的材料用于人类或动物食用。

L. 623 – 5 条

(2011 年 12 月 8 日 2011 – 1843 号法律)

Ⅰ. 权利人或在其同意下的其他人，以开发品种为目的，以任何形式，在法国领土或欧洲经济区领土上，已超过 12 个月将植物有性或无性繁殖材料或农作物销售或交予第三人的，该品种不视为新品种。

以开发品种为目的，在植物新品种证书申请日前 4 年，就树木及葡萄树而言为 6 年，权利人或在其同意下的其他人在其他领土销售或者交予第三人的，该品种不视为新品种。

Ⅱ. 以下情况不视为本条 I 中所指的"交予第三人"：在行政法规要求下，将品种材料交予官方机构或者官方认证机构；以实验或在官方认可的展览中展示为目的，将品种交予第三人；以上两种情况，权利人须明示禁止已交付材料品种的商业开发。

L. 623 – 6 条

(2011 年 12 月 8 日 2011 – 1843 号法律)

任何植物新品种保护国际公约成员国公民，以及欧盟成员国公民或任何在成员国境内拥有住所、公司或机构所在地的公民，均可申请植物新品种证书。

申请人在法国申请植物新品种证书时，可要求享有由其本人在上述国家就同一品种先前提交的初次申请的优先权，但在法国的申请不得晚于初次申请 12 个月以上。

L.623 – 5 条界定的拥有本条第二款定义的优先权的品种的新颖性，根据优先权申请提交日进行判断。

在第一款规定情况外，任何外国人在法国人在其国籍国或住所国或营业所国享受互惠保护的情况下，可享受本章规定的保护。

L.623-7条

(2011年12月8日2011-1843号法律)

L.412-1条提到的机构颁发的证书自申请之日起生效。任何驳回申请的决定均应说明理由。

L.623-8条

(2011年12月8日2011-1843号法律)

国防部长可向L.412-1条规定的机构秘密了解植物新品种证书申请。

L.623-9条

未经特别授权不得披露及实施的已申请证书的植物品种的名单由法规制定。

在不影响L.623-10条的情况下,授权可随时颁发。证书申请提交之日起5个月后即自动取得。

L.623-10条

在L.623-9条末款规定期限前,该条第一款规定的禁令可应国防部长的请求延长1年并可再续。延长的禁止可依同样条件随时取消。

根据本条延长禁止如造成损失的,应赔偿专利申请人,协商不成的,赔偿额由大审法院确定。

L.623-11条

在确定赔偿额的终审判决生效1年后,证书所有人可要求修改L.623-10条确定的赔偿。证书所有人须证明其所受损失高于法院的估计。

L.623－12 条

（2011 年 12 月 8 日 2011－1843 号法律）

申请保护的品种只有经初步审查根据 L.623－2 条构成植物新品种的才可颁发证书。

但 L.412－1 条规定的机构可认为在植物新品种保护国际公约的另一成员国进行的初步审查充分有效。该机构可参考权利人及其继承人的审查。

该委员会可借助外国专家。

L.623－13 条

（2006 年 3 月 1 日 2006－236 号法律）

保护期自颁发之日起 20 年有效。

树木、果树或装饰树，葡萄树以及禾本植物和可长期做肥料的豆科植物，土豆和用于生产杂交品种的同系植物，保护期为 30 年。

L.623－14 条

（2011 年 12 月 8 日 2011－1843 号法律）

植物新品种证书的申请、颁发，以及证书申请或证书所有权的转让或修改，未按照行政法院法规规定的条件正式公布的，不得对抗第三人。

L.623－15 条

（2011 年 12 月 8 日 2011－1843 号法律）

证书对植物新品种指定名称，该名称应明确无误地确保在植物新品种保护国际公约所有成员国的识别。

获得人应负责长期将受保护品种保存在一个植物系列中。

新品种证书应附品种说明书。

证书自公告起可对抗第三人。

在证书上登记的名称在证书公布后在商业交易上必须使用,即使证书期满亦然。

授予品种的名称不得在植物新品种保护国际公约成员国作为制造或商业商标注册[①]。但允许进行保护性注册,而不影响植物新品种证书的颁发,条件是在证书颁发前提出在该公约成员国放弃注册效力的证据。

前款规定不影响就同一新品种,在其名称之外附加使用制造或商业商标。

L.623-16 条

(2011 年 12 月 8 日 2011-1843 号法律)

初步审查、颁发证书及所有登记和注销均需就提供的服务交费。

证书有效期内每年应交纳一笔费用。

费用标准由法规制定。

费用收入应归 L.412-1 条规定的公共利益组织所有。

第二节 植物新品种赋予的权利和义务

L.623-17 条

一植物品种系人类或动物生命所必需的,可依行政法院的法规,或在涉及公共健康时,依农业部长和卫生部长的联合指令,宣布适用征用许可证。

L.623-18 条

自宣布对植物新品种适用征用许可证公告之日起,任何具有技术及

---

① 见第七卷标题下的注解。——译者注

职业保证之人可向农业部长申请颁布使用许可。

该许可仅为非独占性的。农业部长在确定条件尤其是时间、适用范围后即以指令颁发许可,但不确定许可费用。

许可自指令通知各方后生效。

友好协商不成的,许可费用数额由 L.623-31 条规定的司法机关确定。

L.623-19 条

(2011 年 12 月 8 日 2011-1843 号法律)

征用许可被许可人不符合要求的条件的,农业部长在征求 L.412-1 条规定的机构的意见后宣布其失效。

L.623-20 条

为国防需要,国家随时可以获得作为植物新品种证书申请或植物新品种证书对象的植物新品种的征用许可证以供其或为其使用。

应国防部长的要求,农业产权主管部长决定授予征用许可证。决定中应明确许可条件,但不包括相应的报酬。

协商不成的,报酬额由 L.623-31 条司法机构确定。

L.623-21 条

征用许可证的权利不得转让和移转。

L.623-22 条

国家为了国防需要可随时全部或部分征用作为植物新品种证书申请或植物新品种证书对象的植物新品种。

协商不成的,征用补偿由大审法院确定。

L.623-22-1 条

（2004年12月8日2004-1338号法律）

涉及生物技术发明的专利人实施其专利必然侵犯在先植物新品种权，且该发明在植物品种领域具有显著技术进步和重大效益的，该专利人可申请获得受保护品种的使用许可。申请人需证明其未能从权利人处获得使用许可，且其以认真有效的方式使用该品种。

L.623-22-2 条

（2004年12月8日2004-1338号法律）

L.623-22-1条规定的强制许可申请应向大审法院提出。

许可不具排他性。法院尤其应确定其期限、适用范围及应付的报酬总额。应专利人或被许可人的要求，法院可裁定变动上述条件。

许可的权利只可与其所属的营业资产、企业或部分企业一同转让。

颁发这种许可的，专利人向法院申请，即可在同等条件下获取新品种的使用许可。

强制许可的被许可人不遵守许可证颁发条件的，专利人及可能的其他被许可人，可诉请法院撤回其许可。

L.623-22-3 条

（2011年12月8日2011-1843号法律）

公法或私法主体均可在本条及L.623-22-4条规定的条件下获得强制许可。

强制许可申请向权利人所在地大审法院提交，并附带如下证明：
1) 申请人向证书所有人提出许可申请1年内未获得许可；
2) 申请人已为认真地并实质性开发新品种做好准备；
3) 由于该新品种相关的农业市场上供给的严重短缺，许可符合公共利益。

主要从受保护品种中衍生出的品种证书所有人，未能从原始品种证书所有人处获得必要授权以开发其品种的，在本条第二款至第五款确定的条件下，可以提出强制许可申请。

原始品种证书所有人，在相同条件下，亦可获得衍生品种证书的许可。强制许可不具排他性。法院确定其期限、使用范围以及使用费金额。

依权利人或被许可人请求，法院可以修改这些条件。

强制许可申请人不满足授予许可的条件的，品种证书所有人，以及在必要的情况下，其他被许可人，可以要求法院撤回该许可。

L.623－22－4 条

（2011 年 12 月 8 日 2011－1843 号法律）

强制许可授予的权利不得转让或转移，除非其与被授权公司或被授权部门一同转让或转移。

未经法院许可的转让和转移无效。

L.623－23 条

（2011 年 12 月 8 日 2011－1843 号法律）

有下列情形的，植物新品种的证书所有人丧失其权利：

1）不能向主管机关随时提供繁殖材料，以能按品种证书中确定的形态学和生理学特征繁殖受保护的品种；

2）拒绝接受旨在核实其为保存品种所采取措施的检查的；

3）未在规定时间缴清 L.623－16 条第二款所指年费的。

失效决定由 L.412－1 条规定的机构确认。因以上 3）的原因判失效的，证书所有人有未交纳年费的正当理由的，可在规定期限届满后 6 个月内要求恢复其权利。这一要求不得损害第三人可能取得的权利。确认失效的终局裁定应予公告。

L.623-23-1 条

(2011 年 12 月 8 日 2011-1843 号法律)

在以下情况中,法院判决可宣告植物新品种证书无效:

1) 该证书被授予非权利人,除非该证书被转给权利人;
2) 在该证书授权日,品种已不再满足 L.623-2 条规定的条件。

L.623-24 条

(2011 年 12 月 8 日 2011-1843 号法律)

L.613-8 条及 L.613-29 条至 L.613-32 条的规定适用于植物新品种证书申请及新品种证书。

L.613-9 条、L.613-21 条及 L.613-24 条亦然,但国家工业产权局应换为 L.412-1 条规定的机构。

L.611-7 条同样适用于植物新品种证书、已延展为新品种的发明、类似植物新品种证书的发明,以及类似由与植物新品种领域相关的法令创建的委员会的调解委员会。

L.623-24-1 条

(2011 年 12 月 8 日 2011-1843 号法律)

作为 L.623-4 条的例外情况,对于理事会 1994 年 7 月 27 日第(CE)2100/94 号关于设立植物新品种欧盟保护制度的法令列举的品种,以及其他可由行政法院法规列举的品种,农业生产者无须品种权利人授权,即有权以有性或无性繁殖为目的,使用通过种植受保护品种而获取的农作物的产物。

L.623－24－2 条

（2011 年 12 月 8 日 2011－1843 号法律）

农业生产者需补偿其使用的植物新品种证书所有人，但理事会 1994 年 7 月 27 日第（CE）2100/94 号关于设立植物新品种欧盟保护制度的法令定义的小型农业生产者除外。

L.623－24－3 条

（2011 年 12 月 8 日 2011－1843 号法律）

植物新品种证书所有人与农业生产者之间、一个或多个植物新品种证书所有人与农业生产者组织之间没有签署合同的，或者未按照农村及海洋渔业法典第 VI 卷第 III 编第 II 章规定的条件签署跨行业协议的，本法典 L.623－24－1 条规定的例外形式适用条件，包括确定 L.623－24－2 条规定的补偿金额的方式通过 L.623－24－1 条规定的行政法院的法令确立，该金额应显著低于正常许可生产相同品种的无性生殖材料收取的金额。

L.623－24－4 条

（2011 年 12 月 8 日 2011－1843 号法律）

农业生产者雇用服务提供者进行筛选种子的，筛选工作须确保植物新品种证书保护的品种产物的可追溯性。

未满足上述条件的，种子视为已投放市场，并构成 L.623－25 条规定的侵权行为。

L.623－24－5 条

（2011 年 12 月 8 日 2011－1843 号法律）

农业生产者未遵守 L.623－24－1 条规定的例外形式的适用条件

的,本节规定对其不适用。

第三节 诉讼

L.623-25 条

(2011 年 12 月 8 日 2011-1843 号法律)

除 L.623-24-1 条规定的情况外,所有侵害 L.623-4 条规定的植物新品种证书所有人的权利的行为均构成侵权,行为人应负民事责任。错误地或过分地使用受新品种证书保护的品种的命名亦构成对植物新品种证书所有人的权利的侵权。

L.623-17 条及 L.623-20 条提及的征用许可证被许可人、L.623-22-3 条规定的强制许可权利人,及在合同无相反约定时,独占被许可人在所有人经催告后未提起诉讼的,可提起上述本条规定的诉讼。

植物新品种证书所有人可参加被许可人根据前款提起的侵权诉讼。

所有被许可人可参加植物新品种证书所有人提起的侵权诉讼,以获得应有的损害赔偿。

L.623-26 条

证书颁发公告前的行为不认为侵犯证书权利。但是,侵权嫌疑人收到证书申请副本通知后的行为应当查明和追诉。

L.623-27 条

(2007 年 10 月 29 日 2007-1544 号法律)

任何有权提起侵权诉讼的人,可提请有管辖权的法院,根据需要使用逾期罚款规定,针对被控侵权人或为其提供服务的中间人采取任何措施,以预防即将发生的对证书赋予的权利的侵犯,或阻止被控侵权行为的继续。紧急情形要求无须对审即可采取措施的,尤其任何延误都可能对原告造成不可弥补的损失的,有管辖权的民事法院可依申请裁定任何紧急措施。依申请或紧急受理案件的法院,只有在原告正常可以提供的证据足以证明侵权行为或侵权行为即将发生的情况下,才得采取请求的措施。

法院可禁止继续进行被控侵权行为,要求提供担保金以确保对原告可能的补偿,或裁定扣押或提存被控侵犯证书授予权利的产品至第三人处,以阻止其进入或在商业渠道中流通。如果原告确能证明存在有损赔偿收回的情形,法院可保全扣押被控侵权人的动产和不动产,尤其可根据通行法律,判令冻结其银行账户或其他财产。为了确定扣押的财产范围,法院可要求提供银行、金融、会计或商业文件,或获取适当的信息。

对原告的损失无实质争议的,法院还可部分地先予执行。

依申请或紧急受理案件的法院,可在裁定这些措施时要求原告提供担保,用以确保侵权诉讼被宣告不成立或扣押措施被撤销时,被告获得可能的补偿。

停止侵权措施在诉讼前作出的,原告须在行政法规规定的时限内提起民事或刑事诉讼。否则,被告无须附加任何理由,即可申请撤销已采取的措施,该申请亦不影响其要求损害赔偿。

L. 623 – 27 – 1 条

(2007 年 10 月 29 日 2007 – 1544 号法律)

侵权行为可以任何方式证明。

任何有权提起侵权诉讼的人,有权依据有管辖权的民事法院的依申请作出的裁定,在任何地点,通过执达员,在原告指定的专家协助下,就侵权行为进行详细描述,可以提取或不提取样品,或者实际扣押被控侵权产品以及所有与之相关的文件。

同样以证明为目的,法院可以裁定实际扣押用于生产或销售被控侵权产品的原料和工具。

法院可在裁定这些措施时要求原告提供担保,用以确保侵权诉讼被宣告不成立或扣押措施被撤销时,被告获得可能的补偿。

原告在行政法规规定的时限内不提起民事或刑事诉讼的,财务被扣押者无需附加任何理由,即可申请撤销扣押裁定包括描述在内的全部内容,该申请亦不影响其要求损害赔偿。

L. 623 – 27 – 2 条

(2007 年 10 月 29 日 2007 – 1544 号法律)

受理本编规定的民事诉讼的法院,为了确定侵犯原告权利的产品的来源和销售网络,可依申请,并根据需要使用逾期罚款规定,要求被告,或任何被发现持有侵权产品或提供被用于侵权行为的服务或被举报为这些产品的生产、制造或销售的参与者或这些服务的提供者的人,提供所有其持有的文件和信息。

如无合法阻碍,法院可裁定提供文件和信息。

前述文件和信息包含:

a) 生产者、制造者、销售者、供应商和其他曾经持有产品或服务的人员,以及收货批发商和零售商的名称和地址;

b) 生产、销售、交货、收到或订购的数量,以及涉案产品和服务的实际销售价格。

L. 623 – 28 条

(2007 年 10 月 29 日 2007 – 1544 号法律)

确定损害赔偿时,法院将参考受害人承受的包括预期收益损失在内的负面经济后果、侵权人获得的收益和权利人因侵权而遭受的精神损害。

但法院也可依受害人申请,改判不低于许可费或侵权人请求使用许可的应付费的数额固定的损害赔偿。

L.623 – 28 – 1 条

（2007年10月29日2007-1544号法律）

民事侵权成立的，法院可依被害人申请判令，从商业渠道中召回并彻底去除、销毁或没收被认定侵权的产品、主要用于制造和生产侵权产品的材料和工具。

法院还可判令任何合理的判决公告措施，尤其是判决的布告，或全文或部分地在报纸上或在由法院指定的在线公共通信服务部门、根据法院确定的方式进行发表。

因前述两款所列的措施产生的费用，由侵权人承担。

L.623 – 29 条

本章规定的民事和刑事诉讼时效期间为有关行为发生之日起3年。

一旦提起民事诉讼即应中止刑事诉讼时效的起算。

L.623 – 30 条

（2007年10月29日2007-1544号法律）

作为证书申请或新品种证书标的植物品种由国家或其供应商，转包商及转承包人为国防需要进行使用而没有使用许可的，受理法院不得判令停止或中止使用或L.623-28-1条规定的没收。

法院院长命令进行专家鉴定或附带或不附带实际扣押的详细记录的，受命的司务助理人员在研究或繁殖合同含有国防安全分级时，应暂停扣押、记录及搜寻企业的档案和资料。

在军队驻地进行研究或繁殖的亦同。

受案司法机关院长在权利继受人的要求下，可命令仅由国防部长指定的人员进行或在其代表面前进行的专家鉴定。

L.623-26条的规定不适用于按本条规定条件使用的植物新品种证

书申请,只要此申请仍处于 L.623-9 条及 L.623-10 条的禁止之下。

进行这一使用的人自动承担本条规定的责任。

L.623-31 条

(2011 年 12 月 13 日 2011-1862 号法律)

有关植物新品种的诉讼,包括同时涉及相关的不正当竞争的诉讼,仅由大审法院管辖,但不包括针对部长的行政行为向行政诉讼法院提起的诉讼。

巴黎上诉法院直接受理对 L.412-1 条规定的机构依据本章所做决定的上诉。

前述规定不妨碍依民法典第 2059 条、第 2060 条要求仲裁。

L.623-32 条

(1992 年 12 月 16 日 92-1336 号法律)
(2000 年 9 月 19 日 2000-916 号法令)
(2004 年 3 月 9 日 2004-204 号法律)
(2011 年 3 月 14 日 2011-267 号法律)

故意损害 L.623-4 条规定的植物新品种证书所有人权利的行为构成犯罪,处罚金 10 000 欧元。嫌疑人在前 5 年中因同罪受过处罚或有组织犯罪或涉及网络犯罪的,可再处 6 个月的监禁。

L.623-32-1 条

(2007 年 10 月 29 日 2007-1544 号法律)

犯有 L.623-32 条所列罪名的自然人,除被刑事处罚以外,还需从商业渠道召回已被认定的侵权产品以及任何曾用于或将用于犯罪的物品,并承担全部费用。

法院可判令被告付费销毁或交付被害人已从商业渠道召回的或没收

的产品和物品,并不影响损害赔偿的确定。

法院还可判令被告按刑法典 131-35 条规定的条件付费张贴或传播处罚判决书。

L. 623-32-2 条

(2007 年 10 月 29 日 2007-1544 号法律)

(2009 年 5 月 12 日 2009-526 号法律)

在刑法典 121-2 条规定的条件下,被判处 L. 623-32 条界定的罪名的法人,承受除根据刑法典 131-38 条所列形式确定的罚金以外的、刑法典 131-39 条所列的刑罚。

刑法典 131-39 条的 2)中所述禁止涉及经营活动或违法时的经营。

被判处承担刑事责任的法人,除被刑事处罚以外,还需从商业渠道召回已被认定的侵权产品以及任何曾用于或将用于犯罪的物品,并承担全部费用。

法院可判令被告付费销毁或交付被害人已从商业渠道召回的或没收的产品和物品,并不影响损害赔偿的确定。

L. 623-33 条

(1992 年 12 月 16 日 92-1336 号法律)

为实施前条规定的刑罚的公诉须应受害人投诉由检察院提起。

受理案件的轻罪法庭须在民事法院已生既决效力的判决认定侵权之后进行审理。被告以新品种证书无效或因与该证书所有权有关问题提出的抗辩只可在民事法院为之。

L. 623-34 条

(1992 年 12 月 16 日 92-1336 号法律)

冒充植物新品种证书所有人或证书申请人的,处刑法典 131-13 条

5)就第五等违法规定的罚金。累犯者处刑法典 131-13 条 5)就累犯第五等违法规定的罚金。嫌疑人在前 5 年中因同罪受过处罚的即构成本条意义上的累犯。

L.623-35 条

(2000 年 9 月 19 日 2000-916 号法令)

在不影响因危害国家安全可能判处的更严重的刑罚的情况下,故意违反 L.623-9 条及 L.623-10 条规定的禁令的,处 4500 欧元的罚金。侵犯给国防造成损失的,可加判 1 至 5 年的监禁。

第七卷 制造、商业及服务商标和其他显著标记①

第一编 制造、商业及服务商标

第一章 构成商标的要素

L.711 – 1 条

制造、商业或服务商标是指用以区别自然人或法人的商品或服务并可用书面表达的标记。

尤其可以构成这样的标记是：

a) 各种形式的文字,如：字、字的搭配、姓氏、地名、假名、字母、数字、缩写词;

b) 音响标记,如：声音、乐句;

c) 图形标记,如：图画、标签、戳记、边纹、全息图像、徽标、合成图像;外形,尤其是商品及其包装的外形或表示服务特征的外形;颜色的排列、组合或色调。

L.711 – 2 条

构成商标的标记的显著性,依指定的商品和服务而定。

下列标记缺乏显著性：

---

① "制造、商业及服务商标"是法文原文 marque de fabrique,de commerce ou de service 的直译,制造商标是指生产厂拥有的商标,商业商标是指销售商拥有的商标,二者合称商品商标,与服务商标相对。法典中的"商标"则是制造、商业或服务商标的统称。——译者注

a) 在通常或职业用语中纯粹是商品或服务的必需、通用或常用名称的标记或文字;

b) 用以表示商品或服务的特征,尤其是种类、质量、数量、用途、价值、地理来源、商品生产或服务提供的年代的标记或文字;

c) 纯由商品性质或功能所决定的外形,或赋予商品以基本价值的外形构成的标记。

除c)项所规定的情况外,显著性可以通过使用取得。

L.711-3条

(1996年12月18日96-1106号法律)

下列标记不得作为商标或商标的一个部分:

a) 修订的1883年3月20日保护工业产权巴黎公约第6条之三或建立世界贸易组织协定附录1C第23条第二段所禁止的;

b) 违反公共秩序或社会公德,或被法律禁止使用的;

c) 欺骗公众,尤其在商品或服务的性质、质量或地理来源方面。

L.711-4条

侵犯在先权利的标记不得作为商标,尤其是侵犯:

a) 在先注册商标或保护工业产权巴黎公约第6条之二意义上的驰名商标;

b) 公司名称或企业名称,如果在公众意识中有混淆的危险;

c) 全国范围内知名的厂商名称或牌匾,如果在公众意识中有混淆的危险;

d) 受保护的原产地名称;

e) 著作权;

f) 受保护的工业品外观设计权;

g) 第三人的人身权,尤其是姓氏、假名或肖像权;

h）地方行政单位的名称、形象或声誉。

第二章　商标权利的取得

L.712-1 条

商标所有权通过注册取得。商标可以共有形式取得。

注册自申请提交之日起 10 年有效并可多次续展。

L.712-2 条

（2001 年 7 月 25 日 2001-670 号法令）

注册申请依本编及行政法院法规规定的形式和条件提交和公布。该申请尤其应包括商标图样及商标所应使用的商品或服务的清单。

L.712-3 条

注册申请公告 2 个月内，任何利害关系人可向国家工业产权局局长提出意见。

L.712-4 条

（2008 年 12 月 11 日 2008-1301 号法令）

在 L.712-3 条规定的期限内，注册商标或申请在先商标所有人或享受优先权日的商标所有人或在先驰名商标所有人，可向国家工业产权局局长对注册申请提出异议。

独占被许可人享有同等权利，但是合同中有相反约定的除外。

在 L.712-3 条规定的期限届满 6 个月内没有裁定的，视为异议不成立。

但是，这一期限可因下列情事中止：

a）异议建立在注册申请之上；

b) 据以提出异议的商标遇有无效、失效或追还所有权诉讼；

c) 双方共同申请中止，期限为 3 个月，并可更新一次。

L.712－5 条

非经行政法院规定的对审程序，不得作出异议裁定。

L.712－6 条

如果注册申请对第三人的权利构成欺骗，或者违反了法定或约定的义务，认为对该商标享有权利者可依合法程序追还所有权。

除注册申请是依恶意者外，提起追还所有权诉讼的时效期间为注册申请公告之日起 3 年。

L.712－7 条

注册申请遇有下列情事即予驳回：

a) 申请不符合 L.712－2 条规定的条件；

b) 根据 L.711－1 条及 L.711－2 条，标记不能构成商标，或根据 L.711－3 条不能作为商标的；

c) 根据 L.712－4 条对其提出的异议裁定成立。

驳回理由仅涉及部分申请的，只驳回该部分。

L.712－8 条

尽管有异议，如果能证明注册其商标对该商标在国外的保护必不可少，申请人可要求注册该商标。

异议裁定成立的，全部或部分撤销注册决定。

L.712－9 条

商标图样未作变动且商品或服务也未增加的，其注册可续展。续展依行政法院法规规定的方式及期限进行和公布。

续展无须依 L.711-1 条至 L.711-3 条的规定重新审查,也无须经过 L.712-4 条规定的异议程序。

新的 10 年有效期自上一期期满之日起计算。

变动商标图样或增加商品或服务的,应当重新提出申请。

L.712-10 条

(2008 年 12 月 11 日 2008-1301 号法令)

申请人未遵守 L.712-2 条所规定的期限,能证明这一障碍并非出于其意愿、过错或过失的,可依行政法院法规规定的条件解除失效。

L.712-11 条

(1996 年 12 月 18 日 96-1106 号法律)

在符合法国参加的国际公约条款的前提下,未在法国开业和居住的外国人,如能证明其商标已在其住所国或营业所所在国正规申请或注册且该国给予法国商标互惠保护的,可享受本卷规定的权益。

L.712-12 条

(1996 年 12 月 18 日 96-1106 号法律)

保护工业产权巴黎公约第 4 条规定的优先权延伸至所有在外国申请的商标。

在符合法国参加的国际公约条款的前提下,优先权以该国对法国商标申请所承认的权利为限。

L.712-13 条

工会可依劳动法典 L.413-1 条、L.413-2 条所规定的条件申请商标及标签;L.413-1 条、L.413-2 条援引如下:

"L.413-1条——工会在履行知识产权法典第七卷第二章的规定后可申请商标及标签,并可因此依照该法典的条件要求专有权利。

"商标或标签可贴附在所有产品或商品之上以证明其来源及制造条件。任何销售这些商品的个人或企业均可使用该商标或标签。

"L.413-2条——依前条使用工会商标或标签不得违反L.412-2条的规定。

"任何强迫雇主只雇用或招聘商标或标签所有人工会会员的协定或规定无效并没有任何效力。"

L.712-14条

本章所有决定由国家工业产权局局长依照L.411-4条及L.411-5条的规定作出。

第三章 注册赋予的权利

L.713-1条

商标注册就该商标和指定的商品及服务赋予其注册人以所有权。

L.713-2条

非经所有人同意,不得:

a) 在相同商品或服务上复制、使用或贴附商标,即使加上"程式、式样、方法、仿式、同类、方式"等字样,以及使用复制的商标;

b) 消除或变动正常贴附的商标标识。

L.713-3条

非经所有人同意并可能在公众意识中造成混淆,不得:

a) 在类似商品或服务上,复制、使用或贴附商标以及使用复制的商标；

  b) 在相同或类似的商品或服务上,仿冒该商标或使用仿冒商标。

L.713 – 4 条

(1993 年 12 月 31 日 93 – 1420 号法律)

商标权所有人无权禁止他人在所有人本人或经其同意将带有该商标的商品投放欧洲经济共同体或欧洲经济空间的市场后使用该商标。

但是,如有正当理由,尤其是投放市场后商品的状况有所改变或损坏的,商标所有人可禁止进一步的商业流通。

L.713 – 5 条

(2008 年 12 月 11 日 2008 – 1301 号法令)

在与注册中指定的不类似的商品或服务上复制或模仿声誉商标[①],如果会给商标所有人造成损失或者构成对该商标不当使用的,侵害人应当承担民事责任。

前款规定亦适用于保护工业产权巴黎公约第 6 条之二意义上的驰名商标。

L.713 – 6 条

商标注册并不妨碍在下列情况下使用与其相同和近似的标记：

  a) 作为公司名称、厂商名称或牌匾,只要该使用先于商标注册,或者是第三人善意使用其姓氏；

  b) 标注商品或服务尤其是附件或零部件的用途时所必须的参照说明,只要不致导致产源误认。

---

　① 声誉商标(marque jouissant d'une renommée)是根据《协调成员国商标立法 1988 年 12 月 21 日欧洲共同体理事会第一号指令》第 4 条 3,4a) 及第 5 条 2 增列到法国商标法中,对此类商标的保护可有条件地扩大到非类似的商品或服务上。——译者注

但是这种使用损害注册人权利的,注册人可要求限制或禁止其使用。

第四章　商标权利的移转和灭失

L.714-1条

(2001年7月25日2001-670号法令)

商标权可独立于使用或许可使用该商标的企业,进行全部或部分转让。即使是部分转让也不得附带地域限制。

商标权可全部或部分作独占或非独占性许可使用,也可进行质押。

非独占许可依使用章程产生。被许可人在许可期限、商标获准使用的注册样式、被许可的产品和服务的性质、商标可以贴附的地域或被许可人生产的产品和提供的服务质量方面,违反许可限制的,商标注册申请权或商标权可用以对抗之。

所有权的移转或质押,应当采用书面形式,否则无效。

L.714-2条

注册申请人或注册商标所有人,可就商标指定的全部或部分商品或服务放弃申请或注册的效力。

L.714-3条

违反L.711-1条至L.711-4条规定的商标注册依司法决定被判决无效。

检察院可依职权依照L.711-1条、L.711-2条及L.711-3条提起无效诉讼。

只有在先权利人可依照L.711-4条提起无效诉讼。但是,商标已依善意获得注册且已被容忍使用5年的,该诉讼不予受理。

无效决定具有绝对效力。

L.714-4条

保护工业产权巴黎公约第6条之二意义上的驰名商标所有人可提起无效诉讼,但非依恶意注册的,诉讼时效期间为注册之日起5年。

L.714-5条

(1994年2月5日94-102号法律)

无正当理由连续5年没有在注册时指定的商品或服务上实际使用商标的,其所有人丧失商标权利。

下列行为视为使用:

a) 经商标所有人同意的使用,或依章程对集体商标的使用;

b) 形式有所变化但不改变显著特征的使用;

c) 将商标贴附于纯用于出口的商品或其包装的使用。

任何利害关系人均可向法院提起失效诉讼。诉讼请求只涉及部分指定商品或服务的,失效只涉及有关商品或服务。

在本条第一款所指5年后所有人开始或重新实际使用其商标,如果是在其得知可能会有失效诉讼并在该诉讼前3个月中进行,则仍将丧失权利。

使用证明由被提起失效诉讼的商标所有人以各种方法提供。

失效自本条第一款所指5年期满之日起算。失效具有绝对效力。

L.714-6条

商标所有人因其所为而使商标出现下列情事者丧失商标权:

a) 在商业中成为该商品或服务的常用名称;

b) 引人误解,尤其是在商品或服务的性质、质量或地理来源方面。

L.714-7 条

（2008 年 8 月 4 日 2008-776 号法律）

（2008 年 12 月 11 日 2008-1301 号法令）

任何注册商标的权利移转或变更，非经在全国商标注册簿上登记，不得用以对抗第三人。

第三人在移转或变更行为之后、登记之前获得相关权利，并在获取权利时知晓该行为的，该行为可对抗该第三人。

未登记到商标国家或国际登记簿的许可合同的被许可人，亦然可以加入由商标所有人提起的侵权诉讼中，以获得其自身遭到的损害赔偿。

L.714-8 条

（2008 年 12 月 11 日 2008-1301 号法令）

复制或模仿 1949 年 8 月 12 日关于采纳一个新增显著标志的日内瓦公约的第三附加议定书的标志或该标志名称的商标的所有人，在下列条件下，可继续行使其权利：这些权利系 2005 年 12 月 8 日之前取得；在军事冲突期间，其使用不能显得可以获取日内瓦公约、1977 年附加议定书的保护及必要时。

第五章 集体商标

L.715-1 条

集体商标指可由任何人按注册所有人制定的使用章程使用的商标。

集体证明商标适用于具有章程中列举的特点，尤其是具有独特品质、特性或质量的商品或服务。

L.715－2条

本卷规定,除涉及集体证明商标的下列条款及 L.715－3 条外,均适用于集体商标:

1) 集体证明商标只能由商品或服务的制造者、进口者及销售者以外的法人申请;

2) 集体证明商标申请应包括规定商标使用条件的章程;

3) 任何所有人以外的符合章程规定条件的商品或服务的提供者,均可使用集体证明商标;

4) 集体证明商标不得转让、质押或作为任何强制执行的标的,但是,作为所有人的法人解散的,该商标可依行政法院法规移转其他法人;

5) 注册申请不符合有关证明的法规的,即予驳回;

6) 集体证明商标已经使用但停止受法律保护的,在不妨害 L.712－10 条的规定下,10 年之内不得以任何形式申请和使用该商标。

L.715－3条

集体证明商标违反本章规定的,检察院或任何利害关系人可要求宣告其注册无效。

无效决定具有绝对效力。

第六章　诉讼纠纷

L.716－1条

侵害商标所有人权利的,构成侵权,并应承担民事责任。凡违反 L.713－2 条、L.713－3 条及 L.713－4 条的行为构成侵害商标权的行为。

L.716-2 条

注册申请公告前的行为不认为侵害商标权利。

但是,侵权嫌疑人收到注册申请副本通知后的行为应当查明和追诉。法院延期至注册公告之日审判。

L.716-3 条

(2007 年 10 月 29 日 2007-1544 号法律)
(2008 年 8 月 4 日 2008-776 号法律)
(2011 年 5 月 17 日 2011-525 号法律)

有关商标的诉讼,包括同时涉及相关的不正当竞争的诉讼,仅由行政法规确定的大审法院管辖。

L.716-4 条

L.716-3 条之规定不妨碍依民法典第 2059 条、第 2060 条要求仲裁。

L.716-5 条

民事侵权诉讼由商标所有人提出。但是,商标独占被许可人在合同无相反约定且所有人在催告后未提起诉讼的,可提起诉讼。

所有被许可人可参加其他人提起的侵权诉讼,以获得应有的损害赔偿。

侵权诉讼的时效期间为 3 年。

在后注册商标的使用已被容忍 5 年的,除其注册是依恶意者外,对其不得提起侵权诉讼。但是,不受理的范围以被容忍使用的商品或服务为限。

L.716-6 条

（2007 年 10 月 29 日 2007-1544 号法律）

任何有权提起侵权诉讼的人，可提请有管辖权的法院，根据需要使用逾期罚款规定，针对被控侵权人或为其提供服务的中间人采取任何措施，以预防即将发生的对证书赋予的权利的侵犯，或阻止被控侵权行为的继续。紧急情形要求无须对审程序即可采取措施的，尤其任何延误都可能对原告造成不可弥补的损失的，有管辖权的民事法院可依申请裁定任何紧急措施。依申请或紧急受理案件的法院，只有在原告正常可以提供的证据足以证明侵权行为或侵权行为即将发生的情况下，才得采取请求的措施。

法院可禁止继续进行被控侵权行为，要求提供担保金以确保对原告可能的补偿，或裁定扣押或提存被控侵犯证书授予权利的产品至第三人处，以阻止其进入或在商业渠道中流通。如果原告确能证明存在有损赔偿收回的情形，法院可保全扣押被控侵权人的动产和不动产，尤其可根据通行法律，判令冻结其银行账户或其他财产。为了确定扣押的财产范围，法院可要求提供银行、金融、会计或商业文件，或获取适当的信息。

对原告的损失无实质争议的，法院还可部分地先予执行。

依申请或紧急受理案件的法院，可在裁定这些措施时要求原告提供担保，用以确保侵权诉讼被宣告不成立或扣押措施被撤销时，被告获得可能的补偿。

停止侵权措施在诉讼前作出的，原告须在行政法规规定的时限内提起民事或刑事诉讼。否则，被告无须附加任何理由，即可申请撤销已采取的措施，该申请亦不影响其要求损害赔偿。

L.716-7条

(2007年10月29日2007-1544号法律)

侵权行为可以任何方式证明。

任何有权提起侵权诉讼的人,有权依据有管辖权的民事法院的依申请作出的裁定,在任何地点,通过执达员,在原告指定的专家协助下,就侵权行为进行详细描述,可以提取或不提取样品,或者实际扣押被控侵权产品或服务以及所有与之相关的文件。

同样以证明为目的,法院可以裁定实际扣押用于生产或销售被控侵权产品或提供被控侵权服务的原料和工具。

法院可在裁定这些措施时要求原告提供担保,用以确保侵权诉讼被宣告不成立或扣押措施被撤销时,被告获得可能的补偿。

原告在行政法规规定的时限内不提起民事或刑事诉讼的,财务被扣押者无须附加任何理由,即可申请撤销扣押裁定包括描述在内的全部内容,该申请亦不影响其要求损害赔偿。

L.716-7-1条

(2007年10月29日2007-1544号法律)

受理本编规定的民事诉讼的法院,为了确定侵犯原告权利的产品的来源和销售网络,可依申请,并根据需要使用逾期罚款规定,要求被告,或任何被发现持有侵权产品或提供被用于侵权行为的服务或被举报为这些产品的生产、制造或销售的参与者或这些服务的提供者的人,提供其持有的所有文件和信息。

如无合法阻碍,法院可裁定提供文件和信息。

前述文件和信息包含:

a)生产者、制造者、销售者、供应商和其他曾经持有产品或服务的人员,以及收货批发商和零售商的名称和地址;

b）生产、销售、交货、收到或订购的数量,以及涉案产品和服务的实际销售价格。

L.716－8 条

（1994 年 2 月 5 日 94－102 号法律）

（2003 年 8 月 1 日 2003－706 号法令）

（2007 年 10 月 29 日 2007－1544 号法律）

除现行共同体法规规定情形外,海关管理部门依注册商标所有人或独占使用权受益人的书面请求及附上的权利证明,可在其检查范围内扣留申请人指控侵权的货物。

海关管理部门立即将扣留情况通报共和国检察官、申请人或货物申请人或占有人。

涉及第二款所述的通知的,注册商标所有人或独占使用权受益人可获知货物的性质和实际或估计的数量,而不必遵守海关法典第 59 条之二的规定。

申请人自货物扣留通知之日起 10 个工作日内,或涉及易腐食品的,在 3 个工作日内,不能向海关管理部门做到下列情况的,扣留决定自动失效:或者有管辖权的民事法院判令的保全措施,或者提起民事或刑事诉讼并提供担保,以承担侵权被确认不成立时对货物持有者可能的补偿。

扣留措施或有管辖权的民事法院判令的保全措施相关的费用,由申请人承担。

为提起第四款涉及的诉讼,申请人可从海关管理部门获知货物的发运人、进口人及收货人或货物占有人的名称和地址以及货物数量、产地和来源,而不必遵守海关法典第 59 条之二有关海关管理人员必须保守职业秘密的规定。

以下情况不适用第一款规定的扣留:

——在欧洲共同体一个成员国内合法制造或销售的、经海关法典第

1条界定的海关借道后,将投放欧洲共同体另一个成员国市场并合法销售的欧洲共同体商品;

——在欧洲共同体另一个成员国内合法制造或销售的、在过境制度下、经海关法典第1条界定的海关过境后,将出口到非欧洲共同体成员国的欧洲共同体商品。

L.716-8-1条

(1994年2月5日94-102号法律)

(2007年10月29日2007-1544号法律)

除现行共同体法规规定情形外,注册商标所有人或独占使用权受益人没有提交书面申请的,海关管理部门也可在其检查范围内扣留涉嫌侵犯注册商标权或独占使用权的货物。

海关管理部门立即将扣留情况通报注册商标所有人或独占使用权受益人,以及共和国检察官。

涉及第二款所述的通知的,注册商标所有人或独占使用权受益人可获知货物的性质和实际或估计的数量,而不必遵守海关法典第59条之二的规定。

注册商标所有人或独占使用权受益人自本条第二款规定的扣留通知之日起3个工作日内,未提交本法典L.716-8条规定申请的,扣留决定自动失效。

L.716-8-2条

(2007年10月29日2007-1544号法律)

I. 现行共同体法规规定的涉嫌侵犯注册商标的商品扣留,在注册商标所有人或独占使用权受益人提交扣留申请或申请被受理之前实施的,海关管理人员可不必遵守海关法典第59条之二的规定,通告该所有人或独占许可权受益人该措施的实施情况。海关管理人员还可向他们通报与商品数量和性质相关的信息。

现行共同体法规规定的涉嫌侵犯注册商标的商品扣留,在注册商标所有人或独占使用权受益人扣留申请被受理之后实施的,海关管理人员也可向该所有人或该受益人通报该共同体法规规定的、确权所必需的信息。

Ⅱ. 现行共同体法规规定的扣留的实施所产生的费用,由注册商标所有人或独占使用权受益人承担。

L. 716 – 8 – 3 条

(2007 年 10 月 29 日 2007 – 1544 号法律)

L.716 – 8 条至 L.716 – 8 – 2 条规定的扣留时限内,注册商标所有人或独占使用权受益人可依申请或应海关管理部门的要求,检查扣留商品。

检查扣留商品过程中,海关管理部门可提样。依注册商标所有人或独占使用权受益人申请,可允许其仅以分析为目的获取样品,以便其提起民事或刑事诉讼。

L. 716 – 8 – 4 条

(2007 年 10 月 29 日 2007 – 1544 号法律)

为实施 L.716 – 8 条至 L.716 – 8 – 3 条规定的措施,海关管理人员行使海关法典赋予其的权力。

L. 716 – 8 – 5 条

(2007 年 10 月 29 日 2007 – 1544 号法律)

行政法院法规确定 L.716 – 8 条至 L.716 – 8 – 4 条规定的措施的实施条件。

L.716-8-6 条

(2007 年 10 月 29 日 2007-1544 号法律)

一经发现违反本法典 L.716-9 条和 L.716-10 条的情事,司法警察可扣押非法制造、进口的、占有、提供销售或出售的制品及专门用于此类侵权的器材或工具。

L.716-9 条

(1994 年 2 月 5 日 94-102 号法律)
(2000 年 9 月 19 日 2000-916 号法令)
(2004 年 3 月 9 日 2004-204 号法律)
(2007 年 10 月 29 日 2007-1544 号法律)
(2011 年 3 月 14 日 2011-267 号法律)

以销售、供应、许诺销售或租赁侵犯商标权的商品为目的,有下列情事者,处 4 年监禁及 40 万欧元罚金:

a) 进口、出口、再出口或转口侵犯商标权的商品;
b) 工业化生产侵犯商标权的商品;
c) 指示或命令实施 a)和 b)所述行为的。

涉及团伙犯罪或网络犯罪,或涉及危及人体和动物的健康和安全的商品的,处 5 年监禁及 50 万欧元的罚金。

L.716-10 条

(2004 年 3 月 9 日 2004-204 号法律)
(2007 年 10 月 29 日 2007-1544 号法律)
(2007 年 12 月 19 日 2007-1786 号法律)
(2011 年 3 月 14 日 2011-267 号法律)

犯有下列行为者,处 3 年监禁及 30 万欧元的罚金:

a）无正当理由持有、进口或出口侵犯商标权的商品。

b）许诺销售或销售侵犯商标权的商品。

c）侵犯商标注册赋予的权利及由此派生的禁令，复制、仿制、使用、贴附、消除或变动商标、集体商标或集体证明商标。如果处方开具人决定，且处方辅助软件允许根据社会保障法典 L.161-38 条规定的规则以国际通用名称开具处方的，c）中所述条件下的罪行不成立。

d）故意供应或提供与指定注册商标不符的商品或服务。

药剂师根据公共健康法典 L.5125-23 条行使置换权利的，d）中所述条件下的罪行不成立。

a）至 d）中所述罪行涉及团伙犯罪或网络犯罪的，处 5 年监禁及 50 万欧元的罚金。

L.716-11 条

犯有下列行为者处前条所述刑罚：

a）故意不按集体证明商标申请时附送的章程规定的条件使用该商标；

b）故意出售或经销不当使用集体证明商标的商品；

c）已使用过的集体证明商标不受保护之日起 10 年内，或者故意使用该商标的复制或仿制商标，或者故意出售、经销、供应或提供带有该商标的商品或服务者。

本条规定适用于劳动法典第四卷第一编第三章所称的工会商标。

L.716-11-1 条

（1994 年 2 月 5 日 94-102 号法律）

（2000 年 9 月 19 日 2000-916 号法令）

除 L.716-9 条及 L.716-10 条规定的处罚外，法院可对违法侵权单位处不超过 5 年的全部或部分以及最终或临时停业。

临时停业不得取消或中止劳动合同，也不得给有关雇员带来任何经济损失。当最终停业造成辞退人员的，除支付预定赔偿及辞退赔偿外，还应按劳动法典关于劳动合同中断的 L.122-14-4 条及 L.122-14-5 条赔偿损失。违者处 6 个月监禁及 3750 欧元的罚金。

L.716-11-2 条

（1994 年 2 月 5 日 94-102 号法律）

（2007 年 10 月 29 日 2007-1544 号法律）

（2009 年 5 月 12 日 2009-526 号法律）

在刑法典 121-2 条规定的条件下，被判处 L.716-9 条至 L.716-11 条界定的罪名的法人，承受除根据刑法典 131-38 条所列形式确定的罚金以外的、刑法典 131-39 条所列的刑罚。

刑法典 131-39 条的 2) 中所述禁止涉及经营活动或违法时的经营。

被判处承担刑事责任的法人，除被刑事处罚以外，还须从商业渠道召回已被认定的侵权产品以及任何曾用于或将用于犯罪的物品，并承担全部费用。

法院可判令被告付费销毁或交付被害人已从商业渠道召回的或没收的产品和物品，并不影响损害赔偿的确定。

L.716-12 条

（1994 年 2 月 5 日 94-102 号法律）

L.716-9 条至 L.716-11 条的累犯，及同受害人有或有过协议的初犯加倍处罚。

此外，可在不超过 5 年内剥夺罪犯的商事法院、工商会、行业协会、劳资协会的选举权和被选举权。

L.716-13 条

（1992 年 12 月 16 日 92-1336 号法律）

（2007 年 10 月 29 日 2007-1544 号法律）

犯有 L.716-9 条至 L.716-10 条所列罪名的自然人，除被刑事处罚以外，还需从商业渠道召回已被认定的侵权产品以及任何曾用于或将用于犯罪的物品，并承担全部费用。

法院可判令被告付费销毁或交付被害人已从商业渠道召回的或没收的产品和物品，并不影响损害赔偿的确定。

法院还可判令被告按刑法典 131-35 条规定的条件付费张贴或散发处罚判决书。

L.716-14 条

（2007 年 10 月 29 日 2007-1544 号法律）

确定损害赔偿时，法院将参考受害人承受的包括预期收益损失在内的负面经济后果、侵权人获得的收益和权利人因侵权而遭受的精神损害。

但法院也可依受害人申请，改判不低于许可费或侵权人请求使用许可的应付费的数额固定的损害赔偿。

L.716-15 条

（2007 年 10 月 29 日 2007-1544 号法律）

民事侵权成立的，法院可依被害人申请判令，从商业渠道中召回并彻底去除、销毁或没收被认定侵权的产品以及主要用于制造和生产侵权产品的原料和工具。

法院还可判令任何合理的判决公告措施，尤其是判决的布告，或全文或部分地在报纸上或在由法院指定的在线公共通信服务部门、根据法院确定的方式进行发表。

因前述两款所列的措施产生的费用,由侵权人承担。

L.716 – 16 条

(2007 年 10 月 29 日 2007 – 1544 号法律)

行政法院法规在需要时制定本卷施行办法。

第七章 共同体商标

L.717 – 1 条

(2001 年 7 月 25 日 2001 – 670 号法令)

违反 1993 年 12 月 20 日理事会关于共同体商标的第 40/94(CE)条例第 9 条、第 10 条、第 11 条和第 13 条所述禁令者,构成侵权,并承担民事责任。

L.717 – 2 条

(2007 年 10 月 29 日 2007 – 1544 号法律)

L.716 – 8 条至 L.716 – 15 条的规定适用于侵犯共同体商标所有人权利的行为。

L.717 – 3 条

(2001 年 7 月 25 日 2001 – 670 号法令)

以在先共同体商标为依据,针对在后注册的且被容忍使用 5 年的成员国商标提起侵权诉讼的,不予受理,但成员国商标系恶意注册的除外。

不予受理的范围仅限于被容忍使用的商品和服务。

L.717-4 条

（2001 年 7 月 25 日 2001-670 号法令）

行政法院法规确定，L.717-1 条所述共同体条例第 92 条规定的，包括同时涉及商标和相关联的外观设计或不正当竞争问题的诉讼和请求的一审和上诉法院的所在地和管辖范围。

L.717-5 条

（2001 年 7 月 25 日 2001-670 号法令）

仅在 L.717-1 条所述共同体条例第 108 条规定的情形下，共同体商标申请或共同体商标才可转为国家商标申请。

在这些情形下，国家商标申请需满足 L.711-2 条、L.711-3 条、L.712-2 条和 L.712-4 条的规定，违者驳回其申请。行政法院法规确定第一款的实施细则。

共同体商标要求过法国在先注册的商标的资深权的，前款规定不适用。

L.717-6 条

（2001 年 7 月 25 日 2001-670 号法令）

法国在先注册的商标没有续展或被放弃的，以共同体商标要求得到该商标的资深权的行为，不妨碍该商标被宣告无效或其权利人丧失其权利。

只有在放弃或注册期满之日可以宣布无效的，才可适用本条宣告权利失效。

L.717-7条

（2001年7月25日2001-670号法令）

国家工业产权局张贴L.717-1条所述共同体条例第82条规定的执行命令。

第二编　地理标志

第一章　通则

L.721-1条

（1993年7月26日93-949号法律）
（2007年10月29日2007-1544号法律）

确定原产地名称的规则由消费法典L.115-1条确定,该条援引如下：
"L.115-1条：

"指示产品出产于该地,且产品的质量或特征是由该地的地理环境,包括自然和人文因素所决定的国家、地区或地方的名称,构成原产地名称。"

第二章　诉讼纠纷

单节　民事诉讼

L.722-1条

（2007年10月29日2007-1544号法律）

侵犯地理标志权利者,承担民事责任。

为适用本章规定,"地理标志"定义为:

a) 消费法典 L.115-1 条定义的原产地名称;

b) 关于保护农产品和食品地理标志及原产地名称的共同体法规规定的受保护的原产地名称和地理标志;

c) 在特定地区生产的高质量酒的名称及关于葡萄种植和酿酒市场公会的共同体法规规定的地理标志;

d) 关于建立有关酒精饮料定义、品名和包装总规则的共同体法规规定的地理名称。

L.722-2 条

(2007 年 10 月 29 日 2007-1544 号法律)

所有被授权使用该地理标志的人或所有法定地理标志保护组织,均可提起地理标志民事侵权诉讼。

第一款述及的人,可参加由另一方提起的地理标志侵权诉讼。

L.722-3 条

(2007 年 10 月 29 日 2007-1544 号法律)

任何有权提起地理标志侵权诉讼的人,可提请有管辖权的法院,根据需要使用逾期罚款规定,针对被控侵权人或为其提供服务的中间人采取任何措施,以预防即将发生的对地理标志权利的侵犯,或阻止侵权行为的继续。紧急情形要求无须对审即可采取措施的,尤其任何延误都可能对原告造成不可弥补的损失的,有管辖权的民事法院可依申请裁定任何紧急措施。依申请或紧急受理案件的法院,只有在原告正常可以提供的证据足以证明侵犯地理标志权利的行为或侵权行为即将发生的情况下,才得采取请求的措施。

法院可禁止继续进行被控侵犯地理标志权利的行为,要求提供担保金以确保对原告可能的补偿,或裁定扣押或提存被控侵犯地理标志权利的产品至第三人处,以阻止其进入或在商业渠道中流通。如果原告确能证明存在有损赔偿收回的情形,法院可保全扣押被控侵犯地理标志权利者的动产和不动产,尤其可根据通行法律,判令冻结其银行账户或其他财产。为了确定扣押的财产范围,法院可要求提供银行、金融、会计或商业文件,或获取适当的信息。

对原告的损失无实质争议的,法院还可部分地先予执行。

依申请或紧急受理案件的法院,可在裁定这些措施时要求原告提供担保,用以确保地理标志侵权诉讼被宣告不成立或扣押措施被撤销时,被告获得可能的补偿。

停止地理标志侵权措施在诉讼前作出的,原告须在行政法规规定的时限内提起民事或刑事诉讼。否则,被告无须附加任何理由,即可申请撤销已采取的措施,该申请亦不影响其要求损害赔偿。

L.722－4条

(2007年10月29日2007－1544号法律)

侵犯地理标志权利的行为可以任何方式证明。

任何有权依本编规定提起侵权诉讼的人,有权依据有管辖权的民事法院的依申请作出的裁定,在任何地点,通过执达员,在原告指定的专家协助下,就侵权行为进行详细描述,可以提取或不提取样品,或者实际扣押被控侵犯地理标志权利的产品以及所有与之相关的文件。

同样以证明为目的,法院可以裁定实际扣押用于生产或销售被控侵犯地理标志权利的产品的原料和工具。

法院可在裁定这些措施时要求原告提供担保,用以确保依本编规定提起的侵权诉讼被宣告不成立或扣押措施被撤销时,被告获得可能的补偿。

原告在行政法规规定的时限内不提起民事或刑事诉讼的,财务被扣押者无须附加任何理由,即可申请撤销扣押裁定包括描述在内的全部内容,该申请亦不影响其要求损害赔偿。

L.722-5 条

(2007 年 10 月 29 日 2007-1544 号法律)

受理本章规定的民事诉讼的法院,为了确定产品的来源和销售网络,可依申请,并根据需要使用逾期罚款规定,要求被告,或任何被发现持有侵犯地理标志权利的产品或提供被用于侵犯地理标志权利的行为的服务或被举报为这些产品的生产、制造或销售的参与者或这些服务的提供者的人,提供所有其持有的文件和信息。

如无合法阻碍,法院可裁定提供文件和信息。

前述文件和信息包含:

a) 生产者、制造者、销售者、供应商和其他曾经持有产品或服务的人员,以及收货批发商和零售商的名称和地址;

b) 生产、销售、交货、收到或订购的数量,以及涉案产品和服务的实际销售价格。

L.722-6 条

(2007 年 10 月 29 日 2007-1544 号法律)

确定损害赔偿时,法院将参考受害人承受的包括预期收益损失在内的负面经济后果、地理标志侵权人获得的收益和权利人因侵权而遭受的精神损害。

但法院也可依受害人申请,改判数额固定的损害赔偿。

L.722-7 条

(2007 年 10 月 29 日 2007-1544 号法律)

侵犯地理标志权利成立的,法院可依被害人申请判令,从商业渠道中召回并彻底去除、销毁或没收被认定侵犯地理标志权利的产品、主要用于制造和生产侵权产品的原料和工具。

法院还可判令任何合理的判决公告措施,尤其是判决的布告,或全文或部分地在报纸上或在由法院指定的在线公共通信服务部门、根据法院确定的方式进行发表。

因前述两款所列的措施产生的费用,由侵权人承担。

L.722－8 条

(2008 年 8 月 4 日 2008－776 号法律)

(2011 年 5 月 17 日 2011－525 号法律)

有关地理标志的请求和民事诉讼,包括同时涉及相关的不正当竞争的诉讼,仅由行政法院确定的大审法院管辖。

前述规定不妨碍依民法典第 2059 条、第 2060 条要求仲裁。

第三部分

在海外领地及马约尔属地的适用

第八卷 在瓦利斯群岛和富图纳群岛、法属南半球及南极领地、新卡里多尼亚和马约尔属地的适用

单　编

单　章

L.811－1条

（1994年2月5日94－102号法律）
（1996年3月28日96－267号法令）
（2001年7月25日2001－670号法令）
（2003年6月18日2003－517号法律）
（2006年6月1日2006－639号法令）
（2008年12月11日2008－1301号法令）
（2009年6月12日2009－669号法律）
（2010年12月7日2010－1487号法律）

除L.335－4条第四款，L.133－1条至L.133－4条，L.421－1条至L.422－13条和L.423－2条外，本法典的规定适用于瓦利斯群岛和富图纳群岛以及新卡里多尼亚。

L.133－1条至L.133－4条，L.421－1条至L.422－13条和L.423－2条，以及L.335－4条第四款不适用于法属南半球及南极领地。

L.811-2条

（2001年7月11日2001-616号法律）
（2001年7月25日2001-670号法令）
（2008年12月11日2008-1301号法令）
（2009年6月12日2009-669号法律）

为使本法典的规定适用于马约尔、法属南半球及南极领地、法属波利尼西亚、瓦利斯群岛和富图纳群岛以及新卡里多尼亚，以下列举的用语分别替换为其后的用语：

——"大审法院"及"区法院"换为"一审法院"；

——"地区"换为"领土"，且就马约尔属地而言换为"属地"；

——就马约尔而言，"上诉法院"换为"玛目祖高级上诉法院"，"警察局长"换为"警官"；

——"商事法院"换为"商事一审法院"；

——"劳资委员会"换为"劳动法院"。

同样，不适用瓦利斯群岛和富图纳群岛、法属南半球及南极领地以及新卡里多尼亚的法律规定的参照替换为当地适用的具有同一目的的法规的参照。

L.811-2-1条

（2006年8月1日2006-961号法令）
（2008年12月11日2008-1301号法令）

为使在马约尔、瓦利斯群岛和富图纳群岛、法属南半球及南极领地以及新卡里多尼亚适用，本法典的L.122-3-1条和L.221-6条应改写如下：

"L.122-3-1条：

作品的一件或数件实物，经作者或其权利继受人允许，一旦在欧盟或欧洲经济区协定成员国或马约尔、瓦利斯群岛和富图纳群岛、法属南半球及南极领地以及新卡里多尼亚初次出售,作品的这些实物在欧盟成员国或海外领地或新卡里多尼亚境内的销售将不再被禁止。

L.211-6条:

受邻接权保护录制的一件或数件实物,经权利人或权利继受人准许,一旦在欧盟某个成员国或马约尔、瓦利斯群岛和富图纳群岛、法属南半球及南极领地以及新卡里多尼亚境内进行第一次销售,该录制的实物在欧盟成员国或海外领地或新卡里多尼亚境内的销售将不再被禁止。"

L.811-3条

(1996年3月28日96-267号法令)

(2000年9月19日2000-916号法令)

(2001年7月25日2001-670号法令)

(2008年12月11日2008-1301号法令)

为使在瓦利斯群岛和富图纳群岛、法属南半球及南极领地、新卡里多尼亚以及马约尔属地适用,本法典的L.621-1条应改写如下:

"L.621-1条:

经理或工薪人员泄露或企图泄露制造秘密的,处2年监禁及3万欧元的罚金。

法院可以附加刑的名义,判处剥夺公民权、民事权及家庭权的处罚,但最长不超过5年。"

L.811-4条

(2001年7月25日2001-670号法令)

(2008年12月11日2008-1301号法令)

为使在瓦利斯群岛和富图纳群岛、法属南半球及南极领地、新卡里多尼亚和马约尔属地适用,本法典的L.717-1条、L.717-4条和L.717-7

条应改写如下：

"L.717-1条：

I. 未经共同体商标权利人许可，第三人在商业行为中作如下使用的，构成侵权，其行为人需承担民事责任：

a) 在共同体商标指定的商品或服务上使用与其相同的标记；

b) 在共同体商标覆盖的相同或类似的商品或服务上，使用相同或类似的标记，导致相关公众有混淆的可能，其中也包含标记和商标间产生联想的可能；

c) 在与共同体商标覆盖的商品或服务不类似的商品或服务上，使用相同或类似的标记，其中，共同体商标在共同体内著名，标记的使用无正当理由，且从共同体商标的显著性和知名度上获取不正当利益。

II. 以下行为构成侵权：

a) 在商品或其包装物上贴附第I款所述之标记；

b) 许诺销售或投放市场或以前述为目的持有带有该标记的产品，或许诺提供带有该标记的服务；

c) 进口或出口带有该标记的产品；

d) 在商业信函和广告中使用该标记。

III. 同样构成侵权：

a) 在词典、百科全书或类似书籍中复制共同体商标，且该复制给公众以共同体商标是其指定商品或服务的通用名称的印象，除非应该商标权利人要求，出版商确保，最迟在书籍的第二版中，明确指出该商标为注册商标；

b) 未经共同体商标权利人许可，其代理人或代表人注册和使用该商标的，除非代理人或代表人能证明其行为的合理性。

IV. 共同体商标自注册公告之日起对抗第三人。然而，针对共同体商标申请公告后发生的、商标注册公告后禁止的行为，可以要求补偿。受理法院在注册公告发布前，不得进行实质审查。

Ⅴ. 商标权所有人无权禁止他人在所有人本人或经其同意将带有该商标的商品投放欧洲共同体、欧洲经济区、法属波利尼西亚、瓦利斯群岛和富图纳群岛、法属南半球及南极领地、新卡里多尼亚或马约尔的市场后使用该商标。但是，如有正当理由，尤其是投放市场后商品的状况有所改变或损坏的，商标所有人可禁止进一步的商业流通。

L.717－4条：

行政法院法令确定以下诉讼的一审和上诉法院的席位和管辖权限：

a）共同体商标侵权诉讼；

b）L.717－1条第四款所述条件下的赔偿诉讼；

c）基于适用于共同体商标的理由而提起的失效或无效反诉诉讼。

这些法院对前述诉讼和请求有管辖权，也包括同时涉及商标和相关联的外观专利或不正当竞争问题的诉讼和请求。

L.717－7条：

Ⅰ. 任何确定费用的内部市场协调局的最终裁定，经工业产权局签署执行命令，查验凭证真实性后，即可执行。

当事人可根据执行地现行的民事程序法申请强制执行。

Ⅱ. 为使L.717－5条适用于相同属地，该条第一款被如下规定替换：

L.717－5条：

Ⅰ. 仅在如下情形中，共同体商标申请或共同体商标才可转为成员国商标申请：

a）共同体商标申请被驳回、撤回或认为被撤回；

b）共同体商标丧失效力。

Ⅱ. 在以下情形中不可转换：

a）共同体商标申请人或权利人因未使用该商标丧失其权利的，除非共同体商标在法国构成了L.714－5条意义上的实际使用；

b）通过适用内部市场协调局或成员国法院的裁定，确认共同体商标或申请在法国遇有驳回注册、无效或撤销的情况。

III. 由共同体商标或申请转换而来的国家商标申请,享有该申请或商标的注册日或优先权日,且在必要的情况下,享有在先注册并要求权利的国家商标的资深权。"

法国知识产权法典（法律部分）条目索引[①]

第一部分 文学和艺术产权

第一卷 著作权

第一编 著作权范围

第一章 著作权性质

L.111-1条 独占对世的无形所有权

L.111-2条 创作完成的标准

L.111-3条 无形所有权与作品原件的财产所有权相独立

L.111-4条 外国作品在法国的保护

L.111-5条 外国软件在法国的保护

第二章 受保护的作品

L.112-1条 保护所有智力作品

L.112-2条 智力作品的范围

L.112-3条 保护演绎作品；数据库定义

L.112-4条 保护创造性的标题

第三章 著作权人

L.113-1条 作者的确定

L.113-2条 合作作品、混编作品和集体作品定义

L.113-3条 合作作品权利归属

L.113-4条 混编作品权利归属

[①] 法典原文无条目索引，此条目索引为译者所加。——译者注

L.113-5条　集体作品权利归属

L.113-6条　假名及匿名作品权利归属

L.113-7条　视听作品权利归属

L.113-8条　广播作品权利归属

L.113-9条　职务作品财产权利归属

L.113-10条　孤儿作品定义

第二编　作者权利

第一章　精神权利

L.121-1条　作者姓名、身份及作品受尊重权

L.121-2条　作品发表权

L.121-3条　防止滥用发表权

L.121-4条　追悔或收回权

L.121-5条　视听作品精神权利的限制

L.121-6条　部分完成视听作品的权利

L.121-7条　软件精神权利的限制

L.121-7-1条　公务人员职务作品发表权的限制

L.121-8条　结集出版权

L.121-9条　精神权利与婚姻制度

第二章　财产权利

L.122-1条　使用权包括表演权和复制权

L.122-2条　表演权内容

L.122-2-1条　本土卫星远程传送权

L.122-2-2条　非本土卫星远程传送权

L.122-3条　复制权内容

L.122-3-1条　作品权利穷竭

L.122-4条　禁止非法表演、复制和演绎

L.122-5条　作者财产权利的限制

L.122-6条　软件财产权利及权利穷竭

L.122-6-1条　软件财产权利的限制

L.122-6-2条　防止非法使用消除或抵消软件保护的技术

L.122-7条　表演权及复制权的转让

L.122-7-1条　作者免费许可权及限制

　　L.122-8条　追续权

　　L.122-9条　防止滥用使用权

　　L.122-10条　静电复制权的集体管理

　　L.122-11条　报酬一次付清的条件

　　L.122-12条　颁发审批的条件

　第三章　保护期限

　　L.123-1条　财产权利生前及身后70年保护期

　　L.123-2条　合作作品保护期

　　L.123-3条　假名、匿名及集体作品保护期

　　L.123-4条　遗著保护期

　　L.123-5条　（已废止）

　　L.123-6条　配偶用益权

　　L.123-7条　追续权和用益权的归属

　　L.123-8条　一战后延长保护

　　L.123-9条　二战后延长保护

　　L.123-10条　为国捐躯再延长保护

　　L.123-11条　再延长保护已转让时的补偿

　　L.123-12条　来源国保护期的适用及70年上限

第三编　权利的使用

　第一章　通则

　　L.131-1条　全部转让未来作品无效

　　L.131-2条　合同应采用书面形式

　　L.131-3条　著作权转让条件

　　L.131-3-1条　著作权自动转让及例外

　　L.131-3-2条　著作权自动转让适用作品范围

　　L.131-3-3条　著作权自动转让实施细则内容

　　L.131-4条　按比例分享及一次付清

　　L.131-5条　十二分之七损害的补偿

　　L.131-6条　作品使用方式不确定时的特别约定

　　L.131-7条　部分转让的受让人义务

L.131-8条　获得欠付报酬的优先权

L.131-9条　技术措施及电子信息使用合同内容

第二章　某些合同的特别规定

第一节　出版合同

L.132-1条　出版合同定义

L.132-2条　作者付费合同

L.132-3条　分担费用合同

L.132-4条　限定体裁的未来作品优先出版权

L.132-5条　出版合同经营所得的付酬方式

L.132-6条　初版时一次付清的适用

L.132-7条　作者本人的书面同意

L.132-8条　出版人不受干扰的及专有的出版权

L.132-9条　作者提供出版标的

L.132-10条　初印的最低数量

L.132-11条　出版人义务

L.132-12条　持续不断的经营

L.132-13条　出版人报告账目的义务

L.132-14条　出版人提供账目证据

L.132-15条　出版人依司法判决的重整

L.132-16条　出版合同的转让

L.132-17条　出版合同的撤销

第二节　表演合同

L.132-18条　表演合同的定义

L.132-19条　表演合同的期限、内容及转让

L.132-20条　远程传送许可的范围

L.132-20-1条　有线转播权的集体管理

L.132-20-2条　设立调解员

L.132-21条　演出经营者报告账目及付酬的义务

L.132-22条　演出经营者尊重作者精神权利的义务

第三节　视听作品制作合同

L.132-23条　视听作品制作者定义

L.132-24条　视听作品独占使用权的转让

L.132-25条　付酬方式

L.132-26条　制作者的不受干扰的使用权

L.132-27条　制作者按行业习惯使用视听作品

L.132-28条　制作者提交账目及账目证据

L.132-29条　视听作品的单独使用

L.132-30条　制作者依司法判决的重整

第四节　广告制作委托合同

L.132-31条　广告作品的使用权转让及集体管理

L.132-32条　（已废止）

L.132-33条　（已废止）

第五节　软件使用权质押合同

L.132-34条　软件使用权质押合同登记程序

第六节　记者作品的使用权

L.132-35条　新闻报刊及新闻报刊内出版定义

L.132-36条　作品排他性转让

L.132-37条　记者作品的酬劳

L.132-38条　超出既定期限使用的作品酬劳

L.132-39条　相关新闻类别中记者作品的使用

L.132-40条　以在原始新闻报刊或相关新闻类别以外使用为目的的作品转让

L.132-41条　独立职业记者的固定图像作品的转让

L.132-42条　非新闻报刊内出版的作品著作权报酬的属性

L.132-42-1条　无选举义务公司中记者作品酬劳议定规则

L.132-43条　非新闻报刊内出版的作品著作权报酬的收取与分配

L.132-44条　委员会及其职能

L.132-45条　固定图像独立职业记者最低工资的确定

第三章　图书馆借阅报酬

L.133-1条　图书馆借阅与报酬原则

L.133-2条　收取及分配协会的确定

L.133-3条　报酬的组成

L.133-4条　报酬的分配

第四章　关于数字化经营未发表书籍的特殊规定

    L.134-1条　未发表书籍定义

    L.134-2条　公共数据库的设立

    L.134-3条　报酬收取及分配协会认证及职能

    L.134-4条　对授权的异议

    L.134-5条　协会提议及出版人承诺

    L.134-6条　授权的撤回

    L.134-7条　行政法院制定实施细则

    L.134-8条　免费授权及其撤回

    L.134-9条　未分配资金的使用

第二卷　著作权之邻接权

单编

第一章　通则

    L.211-1条　邻接权不得损害著作权

    L.211-2条　文化部长的诉权

    L.211-3条　邻接权的限制

    L.211-4条　邻接权50年保护期限

    L.211-5条　来源国保护期的适用及50年上限

    L.211-6条　作品权利用尽

第二章　表演艺术者权利

    L.212-1条　表演艺术者定义

    L.212-2条　表演艺术者的精神权利

    L.212-3条　表演艺术者的财产权利

    L.212-4条　表演艺术者与视听作品制作者的合同

    L.212-5条　报酬未在合同提及的处理

    L.212-6条　劳动法典适用于超出部分

    L.212-7条　先前合同排除的使用方式适用前述规定

L.212-8条 前文特指合同约定的强制适用

L.212-9条 设立委员会确定报酬标准

L.212-10条 表演艺术者的附属性表演

L.212-11条 技术措施及电子信息使用合同内容适用于制作者及艺术表演者之间的使用许可合同

第三章 录音制作者权利

L.213-1条 录音制作者的定义和权利

第四章 表演艺术者及录音制作者的共同规定

L.214-1条 录音制品的法定许可

L.214-2条 法定许可报酬的受益人

L.214-3条 集体协商报酬标准及支付方式

L.214-4条 设立委员会确定报酬标准

L.214-5条 报酬的收取及分配

第五章 录像制作者权利

L.215-1条 录像制作者的定义和权利

第六章 视听传播企业权利

L.216-1条 视听传播企业的定义和权利

L.216-2条 远程传送许可的范围

第七章 卫星播放及有线转播的规定

L.217-1条 卫星播放权

L.217-2条 有线转播权的集体管理

L.217-3条 设立调解员

第三卷 关于著作权、邻接权及数据库制作者权的通则

第一编 个人复制报酬

单章

L.311-1条 个人复制获酬权

L.311-2条 个人复制报酬的受益人

L.311-3条 报酬一次付清

L.311-4条 个人复制报酬的支付人

L.311-4-1条 需提供买家了解的信息及违法行为罚则

L.311-5条 设立委员会确定报酬标准

L.311-6条 个人复制报酬的收取及分配

L.311-7条 个人复制报酬的分配比例

L.311-8条 个人复制报酬的返还

第二编 报酬收取及分配协会

单章

L.321-1条 报酬收取及分配协会采用民事公司的形式

L.321-2条 签订合同的民事性质

L.321-3条 报酬收取及分配协会章程的审定

L.321-4条 协会的财务稽核及候补人

L.321-5条 协会成员的知情权

L.321-6条 指定专家提交特别报告

L.321-7条 报酬收取及分配协会的常备剧目

L.321-8条 减收报酬的条件

L.321-9条 协会对报酬的部分支配权

L.321-10条 协会集体行使录音、录像制作者权

L.321-11条 文化部长有权申请解散协会

L.321-12条 协会向文化部长报告账目的义务

L.321-13条 报酬收取及分配协会常任监督委员会的构成及权责

第三编 预防、程序及处罚

第一章 一般规定

第一节 通则

L.331-1条 著作权诉讼管辖

L.331-1-1条 保全扣押

L.331-1-2条 法院要求被告提供文件和信息的权利和内容

L.331-1-3条 损害赔偿的确定

L.331-1-4条 补救措施

L.331-2条 专门人员提交的证据

L.331-3条 国家电影和动画中心在公诉中的民事地位

L.331-4条　司法行政程序及公共安全保留

第二节　保护和信息的技术措施

L.331-5条　技术措施定义

L.331-6条　享有私人复制及例外的权利

L.331-7条　技术措施权利人的权利及其限制

L.331-8条　协议使用作品的特殊规定

L.331-9条　出版者和电视服务发行者使用技术措施的限制

L.331-10条　使用者对技术措施限制的知情权

L.331-11条　作品权利制度电子信息

第三节　网络作品传播与权利保护高级公署

第一段　管辖权、构成和组织

L.331-12条　网络作品传播与权利保护高级公署具有法人资格

L.331-13条　高级公署的任务

L.331-14条　高级公署的报告

L.331-15条　高级公署下设特委会和权利保护委员会

L.331-16条　特委会的组成

L.331-17条　权利保护委员会的组成

L.331-18条　高级公署成员及秘书长的任职资格限制

L.331-19条　高级公署的组织结构

L.331-20条　表决规则

L.331-21条　权利保护委员会的职权

L.331-21-1条　听证的权利

L.331-22条　高级公署的成员和公职人员的保密义务

第二段　鼓励发展对用于提供在线公共通信服务的电子通信网络上合法和非法使用具有著作权或邻接权的作品和制品的监控及合法供应的任务

L.331-23条　任务的执行

第三段　对具有著作权或邻接权的作品和制品进行保护的任务

L.331-24条　争议的受理

L.331-25条　权利保护委员会的建议书

L.331-26条　安全方法的评估程序及标识制度

L.331-27条　在线公共通信服务提供商的告知义务

L.331-28条　权利保护委员会对技术材料的处理

L.331-29条　高级公署对侵权人个人材料的处理

L.331-30条　高级公署文件指示及程序

第四段　对著作权或邻接权所保护作品和制品的保护与识别技术措施进行调整和监督的任务

L.331-31条　高级公署的监督权

L.331-32条　技术措施的兼容性

L.331-33条　高级公署审查技术措施对例外限制引发的争议

L.331-34条　高级公署审查数字文件格式传输印刷文本引发的争议

L.331-35条　争议解决机制

L.331-36条　向高级公署咨询的权利

L.331-37条　行政法院颁布本小节实施细则

第二章　侵权扣押

L.332-1条　侵权扣押程序

L.332-2条　申请取消或限制扣押效力

L.332-3条　扣押的取消

L.332-4条　软件及数据库的侵权扣押

第三章　支付扣押

L.333-1条　支付扣押的限制

L.333-2条　不得对生活费性质的收入支付扣押

L.333-3条　不得扣押的比例

L.333-4条　根据生活债权进行的支付扣押

第四章　追续权

L.334-1条　侵害追续权的责任

第五章　刑事规定

L.335-1条　司法警察的扣押权

L.335-2条　著作权侵权犯罪的定义

L.335-2-1条　软件侵权犯罪的定义

L.335-3条　其他著作权侵权犯罪

L.335-3-1条　技术措施著作权侵权犯罪定义

L.335-3-2条 权利制度电子信息著作权侵权犯罪的定义

L.335-4条 邻接权侵权犯罪的定义

L.335-4-1条 技术措施邻接权侵权犯罪的定义

L.335-4-2条 权利制度电子信息邻接权侵权犯罪的定义

L.335-5条 停业处罚

L.335-6条 自然人的刑事责任

L.335-7条 暂停接入通信服务附加刑定义

L.335-7-1条 暂停接入通信服务附加刑对服务商的适用

L.335-7-2条 附加刑的适用及刑期的确定

L.335-8条 法人的刑事责任

L.335-9条 侵权人与受害人有过协议的加倍处罚

L.335-10条 海关边境扣押程序

第六章 著作权或邻接权所保护作品或制品的非法下载和使用的预防

L.336-1条 法院可采取必要措施阻止软件侵权

L.336-2条 法院可采取必要措施阻止在线公共通信服务侵权

L.336-3条 在线公共通信服务用户的义务

L.336-4条 使用者对授权使用的知情权

第四编 数据库制作者权

第一章 适用范围

L.341-1条 数据库制作者定义及保护

L.341-2条 数据库保护受益人范围

第二章 保护范围

L.342-1条 数据库制作者权利

L.342-2条 数据库制作者其他权利

L.342-3条 数据库制作者权利的限制

L.342-3-1条 数据库技术措施的定义

L.342-3-2条 数据库制作者权利制度电子信息受到保护

L.342-4条 数据库制作者权利穷竭

L.342-5条 数据库制作者权利的期限

第三章 程序和处罚

L.343-1条 侵犯数据库制作者权利的证据保全

L.343-2条 侵犯数据库制作者权利的紧急措施

L.343-3条 专门人员提交的证据

L.343-4条 侵犯数据库制作者权利的刑事责任

L.343-5条 自然人的刑事责任

L.343-6条 法人的刑事责任

L.343-7条 累犯加倍处罚及剥夺商事选举资格

第二部分 工业产权

第四卷 行政及职业组织
第一编 机构
第一章 国家工业产权局

L.411-1条 国家工业产权局的设立和职责

L.411-2条 国家工业产权局的收入来源及支出监督

L.411-3条 国家工业产权局的行政及财务组织

L.411-4条 局长独立行使职权及对其决定的上诉

L.411-5条 局长决定的形式要求

第二章 植物新品种委员会

L.412-1条 植物新品种委员会的设立及组成

第二编 工业产权从业资格
第一章 在工业产权合格人员名单上登记

L.421-1条 工业产权合格人员名单的制订和公布

L.421-2条 登记时对品德及专业的要求

第二章 从事工业产权顾问的条件

L.422-1条 工业产权顾问的工作职责及其名单的制订

L.422-2条 先前发明专利顾问可转换为工业产权顾问

L.422-3条 公司可在工业产权顾问名单上登记

L.422-4条 强制专业代理

L.422-5条 特别名单的设立

L.422-6条 工业产权顾问的执业形式

L.422-7条　工业产权顾问以公司执业的要求

L.422-8条　执业民事责任

L.422-9条　全国工业产权顾问协会的设立和职责

L.422-10条　执业纪律惩戒

L.422-11条　职业秘密

L.422-12条　竞业禁止

L.422-13条　竞业禁止例外

第三章　其他规定

L.423-1条　禁止上门兜售代理

L.423-2条　本编实施条件由法规确定

第五卷　外观设计

第一编　保护条件及方式

第一章　适用范围

第一节　保护客体

L.511-1条　外观设计的定义

L.511-2条　外观设计的保护条件

L.511-3条　新颖性的定义

L.511-4条　创造性的定义

L.511-5条　复杂产品部件的外观设计的新颖性和创造性

L.511-6条　新颖性丧失的例外

L.511-7条　外观设计违反公序良俗不受保护

L.511-8条　不受保护的外观设计

第二节　保护的权利

L.511-9条　外观设计权利的获得

L.511-10条　外观设计所有权追索诉讼

L.511-11条　保护对等原则

第二章　外观设计的注册

第一节　注册申请

L.512-1条　申请提交地点

L.512-2条　申请提交的形式要件及驳回

L.512-3条　恢复丧失权利的条件

第二节　注册的无效

L.512-4条　外观设计的无效理由

L.512-5条　部分无效

L.512-6条　法院无效裁定具有绝对效力

第三章　注册赋予的权利

L.513-1条　保护期

L.513-2条　注册赋予的权利

L.513-3条　未经登记的转让和修改不得对抗第三人

L.513-4条　保护范围

L.513-5条　保护的延展

L.513-6条　保护的例外（一）

L.513-7条　保护的例外（二）

L.513-8条　权利用尽

第四章　其他规定

L.514-1条　本卷实施条件由法规确定

L.514-2条　优先使用权确定的特殊规定

第五章　共同体外观设计

L.515-1条　共同体外观设计侵权的确定

第二编　纠纷

第一章　国内外观设计纠纷

L.521-1条　侵权的民事责任

L.521-2条　原告的资格

L.521-3条　民事侵权诉讼的时效

L.521-3-1条　外观设计民事侵权诉讼的管辖

L.521-4条　取证措施和程序

L.521-5条　法院责令被告提供的侵权信息

L.521-6条　阻止侵权的紧急措施和程序

L.521-7条　损害赔偿的确定

L.521-8条　补救措施

L.521-9条　司法警察的扣押权

L.521-10条　侵权的刑事责任及停业处罚

L.521-11条　自然人的刑事责任

L.521-12条　法人的刑事责任

L.521-13条　累犯加倍处罚;剥夺商事选举资格

L.521-14条　海关边境依申请扣押程序

L.521-15条　海关边境主动扣押程序

L.521-16条　共同体法规规定的海关边境扣押程序

L.521-17条　检查货物和提样的权利

L.521-18条　海关管理人员权力的行使

L.521-19条　行政法院确定扣押措施实施细则

第二章　共同体外观设计纠纷

L.522-1条　国内外观设计纠纷的规定适用于共同体外观设计纠纷

L.522-2条　行政法院确定共同体外观设计诉讼案件的席位和管辖

第六卷　发明及技术知识的保护

第一编　发明专利

第一章　适用范围

第一节　通则

L.611-1条　工业产权证书及其赋予的独占权;法定公开;互惠保护

L.611-2条　发明专利、实用证书及补充保护证书

L.611-3条　补充保护证书的取得

L.611-4条　先前提交的专利申请和专利的处理

L.611-5条　增补证书的过渡规定

第二节　证书权

L.611-6条　取得证书权

L.611-7条　职务发明的归属

L.611-8条　追还所有权诉讼

L.611-9条　发明人身份的标明

第三节 可授予专利的发明

L.611-10条 专利授予的条件;不视为发明的情况

L.611-11条 新颖性及现有技术状况的定义

L.611-12条 优先权的取得

L.611-13条 不影响新颖性的披露

L.611-14条 创造性的定义

L.611-15条 工业实用性的定义

L.611-16条 不得授予专利的情况(一)

L.611-17条 不得授予专利的情况(二)

L.611-18条 不得授予专利的情况(三)

L.611-19条 不得授予专利的情况(四)

第二章 申请的提交和审理

第一节 申请的提交

L.612-1条 专利申请提交的形式和条件

L.612-2条 专利申请提交日

L.612-3条 国内优先权

L.612-4条 发明的单一性及分案申请

L.612-5条 申请书对发明的充分描述

L.612-6条 权利要求的意义及撰写要求

L.612-7条 要求优先权的程序

第二节 申请的审理

L.612-8条 国防部长的知情权

L.612-9条 授权前对已申请专利的发明的限制

L.612-10条 禁令的延长及补偿

L.612-11条 专利申请的审查

L.612-12条 专利申请的驳回

L.612-13条 提交新的权利要求的截止日

L.612-14条 检索报告的制定

L.612-15条 专利申请可转换为实用证书申请

L.612-16条 恢复丧失权利的条件(一)

L.612-16-1条　恢复丧失权利的条件(二)

L.612-17条　专利的授予

L.612-18条　通信中断的处理

L.612-19条　年费的交纳

L.612-20条　减扣年费的条件

第三节　发明的法定公开

L.612-21条　法定公开

L.612-22条　法定公开适用欧洲专利

L.612-23条　出具审查报告

第三章　专利权

第一节　专用权

L.613-1条　专用权自申请日始

L.613-2条　权利要求书确定保护范围

L.613-2-1条　基因序列的权利要求的范围

L.613-2-2条　基因信息或由基因信息组成的产品的保护的延展

L.613-2-3条　具有特定属性的生物材料及其制造方法的保护的延展

L.613-2-4条　生物材料保护的延展的例外规定

L.613-3条　专利权内容

L.613-4条　禁止提供实施发明的手段

L.613-5条　专利权的限制(一)

L.613-5-1条　专利权的限制(二)

L.613-5-2条　专利权的限制(三)

L.613-5-3条　专利权的限制(四)

L.613-6条　专利权的穷竭

L.613-7条　个人在先占有发明的使用

第二节　权利的转让及丧失

L.613-8条　专利申请或专利权利的转让及许可使用

L.613-9条　在全国专利注册簿上登记的效力

L.613-10条　当然许可证

L.613-11条　强制许可证

L.613-12条　强制许可证的申请

L.613-13条　强制许可证及当然许可证的非独占性

L.613-14条　强制许可证的撤回

L.613-15条　改进专利强制许可证

L.613-15-1条　改进植物品种强制许可证

L.613-16条　公共健康征用许可证

L.613-17条　征用许可证的申请

L.613-17-1条　共同体征用许可证的申请

L.613-17-2条　违反有关避免关键药物贸易转移到欧盟的禁止性规定的罚则

L.613-18条　国民经济征用许可证

L.613-19条　国防征用许可证

L.613-19-1条　半导体领域的强制许可证和征用许可证

L.613-20条　专利申请及专利的征用

L.613-21条　专利扣押

L.613-22条　专利权因未交年费的丧失及恢复

L.613-23条　期限的中止

L.613-24条　专利的放弃

L.613-25条　专利的无效宣告

L.613-26条　检察院提起无效诉讼

L.613-27条　无效决定的效力

L.613-28条　补充保护证书的无效

第三节　专利的共有

L.613-29条　专利申请及专利的共有

L.613-30条　民法典共有规定的不适用

L.613-31条　共有份额的放弃

L.613-32条　自由制定共有章程

第四章　国际条约的适用

第一节　欧洲专利

L.614-1条　慕尼黑公约的实施

第一段　欧洲专利申请的提交

L.614-2条　欧洲专利申请的提交

L.614-3条　国防部长的知情权

L.614-4条　授权前对已申请专利的发明的限制

L.614-5条　禁令的延长及补偿

L.614-6条　欧洲专利申请转换为法国专利申请

第二段　欧洲专利在法国的效力

L.614-7条　欧洲专利的法文译本

L.614-8条　欧洲专利摘要的翻译

L.614-9条　行使欧洲专利权的起始日

L.614-10条　法文译本的效力

L.614-11条　在欧洲专利注册簿上登记的效力

L.614-12条　欧洲专利的无效

L.614-13条　相同标的的法国专利效力的停止

L.614-14条　禁止分别转让、质押及使用许可

L.614-15条　相同标的的法国和欧洲专利的侵权诉讼

L.614-16条　法规确定施行条件

第二节　国际申请

L.614-17条　华盛顿协定的实施

第一段　国际申请的提交

L.614-18条　国际申请的提交

L.614-19条　国防部长的知情权

L.614-20条　授权前对已申请专利的发明的限制

L.614-21条　禁令的延长及补偿

L.614-22条　国防审查规定的不适用

L.614-23条　法规确定施行条件

第二段　国际申请在法国的效力

L.614-24条　视同要求欧洲专利

第三节　共同体专利

L.614-25条　卢森堡公约的实施

L.614-26条　有关翻译规定的不适用

L.614-27条　共同体专利摘要的翻译

L.614-28条　参照条款的替换

L.614-29 条　禁止分别转让、质押及使用许可

L.614-30 条　允许不要求共同体专利

第四节　最后规定

L.614-31 条　禁止超国民待遇

第五章　诉讼

第一节　民事诉讼

L.615-1 条　专利侵权的定义

L.615-2 条　专利侵权诉讼的诉权

L.615-3 条　阻止侵权的紧急措施和程序

L.615-4 条　专利授予前的临时保护

L.615-5 条　取证措施和程序

L.615-5-1 条　方法专利的保护

L.615-5-2 条　法院责令被告提供的侵权信息

L.615-6 条　查处实用证书侵权时需提交检索报告

L.615-7 条　损害赔偿的确定

L.615-7-1 条　补救措施

L.615-8 条　侵权诉讼的3年时效

L.615-9 条　确认不侵权的诉讼

L.615-10 条　涉及国防的专利使用

L.615-11 条　（已废止）

第二节　刑事诉讼

L.615-12 条　冒充专利人或专利申请人的处罚

L.615-13 条　违反国防审查的处罚

L.615-14 条　故意侵权的刑事责任

L.615-14-1 条　累犯加倍处罚；剥夺商事选举资格

L.615-14-2 条　自然人的刑事责任

L.615-14-3 条　法人的刑事责任

L.615-15 条　申请欧洲专利违反国防审查的处罚

L.615-16 条　国际申请违反国防审查的处罚

第三节　管辖及程序的规则

L.615-17条　专利纠纷的管辖

L.615-18条　补偿纠纷由巴黎大审法院管辖

L.615-19条　专利侵权纠纷由大审法院管辖

L.615-20条　指定顾问参加诉讼

L.615-21条　职务发明纠纷由劳资和解委员会处理

L.615-22条　法规确定本编施行条件

第二编　技术知识的保护

第一章　制造秘密

L.621-1条　侵犯制造秘密的刑事处罚

第二章　半导体制品

第一节　申请

L.622-1条　半导体布图设计的保护及申请

L.622-2条　半导体布图设计保护受益人

L.622-3条　申请权及追还所有权诉讼

L.622-4条　申请的审查、注册和公告

第二节　申请产生的权利

L.622-5条　半导体布图设计的权利内容及限制

L.622-6条　保护生效日

L.622-7条　有关规定的适用

第三章　植物新品种

第一节　植物新品种证书的颁发

L.623-1条　植物品种的定义

L.623-2条　植物新品种的定义

L.623-3条　植物新品种的名称、说明书及保存

L.623-4条　植物新品种证书及赋予的独占权

L.623-4-1条　植物新品种权利的限制

L.623-5条　植物新品种的新颖性

L.623-6条　外国人申请植物新品种

L.623-7条　植物新品种证书的生效日

L.623-8条　国防部长的知情权

L.623-9条　披露和实施的特别授权

L.623-10条　禁令的延长

L.623-11条　禁令的补偿

L.623-12条　申请的初步审查

L.623-13条　证书的保护期

L.623-14条　植物新品种移转的效力

L.623-15条　植物新品种名称的使用

L.623-16条　费用的交纳

第二节　植物新品种赋予的权利和义务

L.623-17条　征用许可证

L.623-18条　征用许可证的颁发程序

L.623-19条　征用许可证的失效

L.623-20条　国防征用许可证

L.623-21条　征用许可证不得转让

L.623-22条　植物新品种的征用

L.623-22-1条　改进生物科技发明专利强制许可

L.623-22-2条　征用许可证的申请

L.623-22-3条　强制许可的适用条件

L.623-22-4条　强制许可的转让或转移

L.623-23条　植物新品种权利的丧失

L.623-23-1条　植物新品种证书的无效

L.623-24条　有关规定的适用

L.623-24-1条　耕作新品种产生的农作物的使用

L.623-24-2条　农作物使用的补偿

L.623-24-3条　补偿金额的确定

L.623-24-4条　种子筛选的条件

L.623-24-5条　本节规定的适用条件

第三节　诉讼

L.623-25条　植物新品种侵权定义；权利的限制

L.623-26条　植物新品种的临时保护

L.623-27条　阻止侵权的紧急措施和程序

L.623-27-1条　取证措施和程序

L.623-27-2条　法院责令被告提供的侵权信息

L.623-28条　损害赔偿的确定

L.623-28-1条　补救措施

L.623-29条　诉讼时效

L.623-30条　涉及国防的植物新品种的使用

L.623-31条　诉讼管辖

L.623-32条　植物新品种侵权犯罪

L.623-32-1条　自然人的刑事责任

L.623-32-2条　法人的刑事责任

L.623-33条　公诉的条件;刑诉与民诉的关系

L.623-34条　冒充植物新品种申请人或所有人的犯罪

L.623-35条　违反国防审查的处罚

第七卷　制造、商业及服务商标和其他显著标记

第一编　制造、商业及服务商标

第一章　构成商标的要素

L.711-1条　商标的定义;可构成商标的标记

L.711-2条　商标注册的显著性条件

L.711-3条　禁止注册为商标的标记

L.711-4条　商标注册不得侵犯的在先权利

第二章　商标权利的取得

L.712-1条　商标所有权通过注册取得;10年保护期

L.712-2条　注册申请依法定形式和条件提交和公布

L.712-3条　对申请提出意见

L.712-4条　对申请提出异议

L.712-5条　异议的对审程序

L.712-6条　追还所有权诉讼

L.712-7条　注册申请的驳回

L.712-8条　被异议商标提前注册的条件

L.712-9条　商标注册的续展

L.712-10条　失效权利的恢复

L.712-11条　商标的互惠保护

L.712-12条　优先权的申请

L.712-13条　工会申请商标及标签

L.712-14条　国家工业产权局局长的决定

第三章　注册赋予的权利

L.713-1条　商标所有权以指定商品及服务为限

L.713-2条　禁止在相同商品或服务使用相同商标；禁止改动合法使用的商标

L.713-3条　禁止在类似商品或服务使用近似商标

L.713-4条　商标权穷竭及例外

L.713-5条　在非类似商品或服务上保护声誉商标

L.713-6条　商标权的限制

第四章　商标权利的移转和灭失

L.714-1条　商标权的转让、质押及使用许可

L.714-2条　商标申请及注册的放弃

L.714-3条　商标注册的无效

L.714-4条　驰名商标所有人提起无效诉讼的诉权

L.714-5条　商标不使用的处罚

L.714-6条　商标权的丧失

L.714-7条　在全国商标注册簿上登记的效力

L.714-8条　复制模仿日内瓦公约第三附加议定书标志或标志名称的例外

第五章　集体商标

L.715-1条　集体商标和集体证明商标的定义

L.715-2条　集体证明商标的特殊规定

L.715-3条　集体证明商标的无效

第六章　诉讼纠纷

L.716-1条　商标侵权定义

L.716-2条　商标注册前的临时保护

L.716-3条　商标诉讼由大审法院管辖

L.716-4条 仲裁程序的保留

L.716-5条 商标侵权诉讼的诉权；容忍侵权的处理

L.716-6条 阻止侵权的紧急措施和程序

L.716-7条 取证措施和程序

L.716-7-1条 法院责令被告提供的侵权信息

L.716-8条 海关边境依申请扣押程序

L.716-8-1条 海关边境主动扣押程序

L.716-8-2条 共同体法规规定的海关边境扣押程序

L.716-8-3条 检查货物和提样的权利

L.716-8-4条 海关管理人员权力的行使

L.716-8-5条 行政法院确定扣押措施实施细则

L.716-8-6条 司法警察的扣押权

L.716-9条 假冒商标的刑事责任

L.716-10条 使用假冒商标的刑事责任

L.716-11条 假冒集体证明商标的刑事责任

L.716-11-1条 停业处罚

L.716-11-2条 法人的刑事责任

L.716-12条 累犯加倍处罚；剥夺商事选举资格

L.716-13条 自然人的刑事责任

L.716-14条 损害赔偿的确定

L.716-15条 补救措施

L.716-16条 行政法院确定本卷实施细则

第七章 共同体商标

L.717-1条 共同体商标侵权定义

L.717-2条 国内商标侵权规定适用于共同体商标侵权

L.717-3条 共同体商标容忍侵权的处理

L.717-4条 共同体商标诉讼管辖的确定

L.717-5条 共同体商标申请或共同体商标转换为国内商标申请的规定

L.717-6条 共同体商标要求法国在先商标的资深权不影响其被宣告无效

L.717-7条 共同体条例规定的执行命令的张贴

第二编　地理标志

第一章　通则

L.721-1条　原产地名称的保护

第二章　诉讼纠纷

单节　民事诉讼

L.722-1条　地理标志及侵权定义

L.722-2条　地理标志侵权诉讼的诉权

L.722-3条　阻止侵权的紧急措施和程序

L.722-4条　取证措施和程序

L.722-5条　法院责令被告提供的侵权信息

L.722-6条　损害赔偿的确定

L.722-7条　补救措施

L.722-8条　地理标志侵权诉讼由大审法院管辖

第三部分　在海外领地及马约尔属地的适用

第八卷　在瓦利斯群岛和富图纳群岛、法属南半球及南极领地、新卡里多尼亚和马约尔属地的适用

单编

单章

L.811-1条　在瓦利斯群岛和富图纳群岛、法属南半球及南极领地、新卡里多尼亚和马约尔属地的适用原则

L.811-2条　术语的替换

L.811-2-1条　有关著作权和邻接权权利用尽规定的改写

L.811-3条　有关制造秘密规定的改写

L.811-4条　有关共同体商标规定的改写

图书在版编目(CIP)数据

法国知识产权法典:法律部分/黄晖,朱志刚译.—北京:商务印书馆,2017
ISBN 978-7-100-12036-4

Ⅰ.①法… Ⅱ.①黄…②朱… Ⅲ.①知识产权—法典—法国 Ⅳ.①D956.53

中国版本图书馆 CIP 数据核字(2016)第 040758 号

权利保留,侵权必究。

法国知识产权法典(法律部分)
黄　晖　朱志刚　译
郑成思　审校

商　务　印　书　馆　出　版
(北京王府井大街36号　邮政编码100710)
商　务　印　书　馆　发　行
北　京　冠　中　印　刷　厂　印　刷
ISBN 978-7-100-12036-4

2017年6月第1版　开本 880×1260　1/32
2017年6月北京第1次印刷　印张 10⅛
定价:30.00元